Cómo Desarrollar tu Genialidad para Satisfacer tus Necesidades Económicas

Desata tu creatividad para transformar tu futuro financiero

Autor:
Alfonso Lemus Rodríguez

Fecha de Publicación:
Noviembre de 2024

Copyright © 2024 Alfonso Lemus Rodríguez
Todos los derechos reservados.

Ninguna parte de esta publicación puede ser reproducida, almacenada en un sistema de recuperación o transmitida en cualquier forma o por cualquier medio, ya sea electrónico, mecánico, fotocopia, grabación u otros, sin el permiso previo por escrito del autor.

Este libro está protegido por las leyes de derechos de autor y tratados internacionales. Su reproducción no autorizada, en su totalidad o en parte, está estrictamente prohibida y puede dar lugar a sanciones civiles y penales.

Primera edición: noviembre de 2024

Para consultas o permisos, contacte a:
Email: alfonsolr65@gmail.com

Dedicatoria

A quienes creen en su capacidad de transformar su vida con creatividad y esfuerzo.

A mi familia, por su apoyo incondicional y por enseñarme el valor de la resiliencia.

Y a todas las mentes inquietas que buscan nuevas formas de superar los desafíos económicos.

Este libro es para ustedes.

Con gratitud,
Alfonso Lemus Rodríguez

Introducción: El Poder de Tu Genialidad

En un mundo lleno de desafíos económicos, la capacidad de encontrar soluciones creativas es más importante que nunca. Este libro está diseñado para ayudarte a descubrir y aprovechar tu genialidad para transformar tu situación financiera y crear nuevas oportunidades. No se trata solo de ganar dinero, sino de desarrollar una mentalidad que te permita navegar por la vida con confianza, resiliencia y una visión clara de lo que eres capaz de lograr.

El camino hacia la independencia económica y la estabilidad financiera puede parecer complicado, pero con los recursos y estrategias adecuadas, cualquier persona puede comenzar desde cero y construir un futuro próspero. A través de este libro, exploraremos diversas formas de pensar fuera de la caja, identificar tus fortalezas y aplicar soluciones prácticas que no solo te beneficien a ti, sino también a tu comunidad.

Cada capítulo te guiará paso a paso en el proceso de descubrir tu potencial, generar ingresos sostenibles y, lo más importante, aprender a mantener una mentalidad positiva frente a los obstáculos. Aquí aprenderás a usar tu creatividad y tus habilidades para satisfacer tus necesidades económicas, incluso en tiempos de incertidumbre.

Este no es un libro para leer pasivamente. Es una invitación a tomar acción, a experimentar, a cometer errores y aprender de ellos. La genialidad no es un don exclusivo de unos pocos; está dentro de todos nosotros, esperando ser descubierta y cultivada.

Es momento de que dejes de esperar por el "momento perfecto" y empieces a crear las oportunidades que tu futuro merece.

Bienvenido a un viaje de autodescubrimiento y crecimiento económico. Estoy seguro de que, al final de estas páginas, no solo habrás aprendido nuevas formas de generar dinero, sino que también habrás entendido cómo convertir tu creatividad en una herramienta poderosa para transformar tu vida.

¡Comencemos!

Índice:

Introducción: El poder de la creatividad aplicada
1.1. Descubriendo tu potencial único
1.2. La economía creativa en el día a día

1. **Capítulo 1: Identifica tus habilidades y talentos ocultos**
   2.1. Herramientas para el autoconocimiento
   2.2. Transformar pasatiempos en oportunidades
   2.3. Reconocer necesidades del mercado
2. **Capítulo 2: Técnicas para despertar tu genialidad**
   3.1. Brainstorming efectivo
   3.2. Ejercicios prácticos de innovación
   3.3. Crear soluciones originales para problemas cotidianos
3. **Capítulo 3: De la idea a la acción**
   4.1. Diseña tu plan de negocio creativo
   4.2. Prueba y mejora: el ciclo de retroalimentación
   4.3. Casos de éxito para inspirarte
4. **Capítulo 4: Monetiza tu genialidad**
   5.1. Modelos de ingresos que funcionan
   5.2. Marketing y promoción para mentes creativas
   5.3. Cómo cobrar lo justo por tus ideas
5. **Capítulo 5: Emprendimientos creativos para distintas necesidades**
   6.1. Soluciones para ingresos inmediatos
   6.2. Proyectos a largo plazo con alto impacto
   6.3. Ideas para comunidades colaborativas
6. **Capítulo 6: Desarrolla tu resiliencia económica**
   7.1. Cómo gestionar los altibajos financieros
   7.2. Diversificar fuentes de ingresos
   7.3. El valor de aprender de los errores
7. **Capítulo 7: Tu genialidad como herramienta de cambio**
   8.1. Impacto social de la creatividad económica
   8.2. Contribuir al desarrollo de tu comunidad
   8.3. Inspira a otros con tu historia
8. **Conclusión: El inicio de un camino sin límites**
9. **Recursos adicionales**
   10.1. Ejercicios prácticos
   10.2. Bibliografía recomendada
   10.3. Herramientas y enlaces útiles

Introducción: El poder de la creatividad aplicada

La creatividad es una de las herramientas más poderosas y accesibles que poseemos como seres humanos. Sin importar nuestra formación, edad o situación económica, todos tenemos la capacidad de pensar de manera diferente y encontrar soluciones únicas a los desafíos de la vida cotidiana.

Este libro nace de una idea central: **tu genialidad es la llave para satisfacer tus necesidades económicas y mejorar tu calidad de vida**. En un mundo donde los recursos parecen escasos y las oportunidades están reservadas para unos pocos, la creatividad es el puente que te permite construir nuevas posibilidades y generar valor tanto para ti como para quienes te rodean.

Aquí descubrirás cómo identificar tus talentos, potenciarlos y aplicarlos en el ámbito económico. Aprenderás que no se trata solo de inventar algo nuevo, sino de utilizar lo que ya tienes de manera innovadora y estratégica. Cada idea, habilidad o experiencia que posees puede convertirse en una fuente de ingresos, si sabes cómo darle forma y presentarla al mundo.

Además, exploraremos ejemplos reales de personas que han logrado transformar su vida económica con ideas simples, pero geniales. Estas historias no solo te inspirarán, sino que también te mostrarán que es posible convertir tus sueños en realidades tangibles.

La creatividad aplicada es más que un concepto abstracto; es una herramienta práctica y poderosa que, con la orientación adecuada, puede ayudarte a alcanzar tus metas económicas y personales. ¡Prepárate para descubrir el poder transformador de tu genialidad y dar el primer paso hacia un futuro más próspero!

Descubriendo tu potencial único

Todos poseemos talentos y habilidades que, aunque a menudo pasan desapercibidos, pueden ser clave para resolver nuestros desafíos económicos. Identificar y potenciar estas capacidades es el primer paso para desarrollar tu genialidad y utilizarla de manera efectiva.

1. Reconociendo lo que te hace especial

Es fácil subestimar nuestras habilidades porque forman parte de nuestra rutina diaria. Sin embargo, las cosas que hacemos con naturalidad —ya sea cocinar, enseñar, reparar objetos o crear arte— pueden tener un valor significativo para los demás. Reflexiona sobre:

- ¿Qué actividades disfrutas hacer?
- ¿En qué áreas los demás buscan tu ayuda o consejo?
- ¿Qué te distingue de las personas a tu alrededor?

2. Ejercicios para descubrir tu potencial

- **Haz una lista de tus logros:** Recuerda los momentos en los que resolviste un problema o lograste algo que te hizo sentir orgulloso. ¿Qué habilidades utilizaste?
- **Pregúntale a tu entorno:** A veces, otras personas ven en nosotros cualidades que nosotros no percibimos. Pide opiniones a amigos, familiares o colegas.
- **Explora nuevas actividades:** Sal de tu zona de confort y prueba cosas nuevas. Podrías descubrir talentos que no sabías que tenías.

3. Encuentra tu propósito económico

Tu potencial único no solo se trata de tus habilidades, sino también de cómo estas pueden resolver necesidades o problemas específicos en tu entorno. Pregúntate:

- ¿Qué problemas tienen las personas a mi alrededor que yo podría ayudar a resolver?
- ¿Cómo puedo aportar valor a mi comunidad utilizando mis talentos?
- ¿Qué productos o servicios puedo crear que sean útiles y accesibles?

4. Conecta con tus pasiones

Cuando trabajas en algo que te apasiona, el esfuerzo se convierte en disfrute y los resultados suelen ser extraordinarios. Identifica qué actividades te llenan de energía y entusiasmo. Estas serán la base para construir un camino económico que también te brinde satisfacción personal.

Descubrir tu potencial único es un viaje que no solo te llevará a conocerte mejor, sino también a abrir puertas hacia oportunidades económicas que nunca habías imaginado. ¡Es hora de liberar tu genialidad!

La economía creativa en el día a día

En un mundo cada vez más dinámico y competitivo, la creatividad se ha convertido en una herramienta esencial para resolver problemas, generar ingresos y adaptarse a los cambios. La economía creativa no es exclusiva de artistas o inventores; es un concepto aplicable a cualquier persona que desee transformar ideas en soluciones económicas prácticas y sostenibles.

1. ¿Qué es la economía creativa?

La economía creativa se basa en el uso del talento, la imaginación y la innovación para generar valor. A diferencia de los modelos económicos tradicionales, que dependen de recursos tangibles como tierras o maquinaria, este enfoque se centra en las ideas, habilidades y creatividad humanas como sus principales activos.

Ejemplos comunes incluyen:

- Convertir una habilidad como cocinar, pintar o reparar en un negocio.
- Aprovechar plataformas digitales para vender productos, servicios o conocimientos.
- Crear nuevas soluciones para problemas cotidianos, como diseñar formas más eficientes de ahorrar tiempo o dinero.

2. La creatividad como recurso ilimitado

Mientras que los recursos físicos pueden agotarse, la creatividad no tiene límites. Cada día está lleno de oportunidades para pensar de manera innovadora y resolver problemas de formas únicas. Ya sea desarrollando un sistema más eficiente para organizar tus tareas o encontrando una nueva manera de vender productos, la creatividad está presente en todas partes.

3. Aplicando la economía creativa a tus finanzas personales

- **Reutiliza lo que ya tienes:** Convierte materiales que ya no usas en productos útiles o vendibles.
- **Intercambia habilidades:** Ofrece tus conocimientos o servicios a cambio de algo que necesitas, sin necesidad de dinero.
- **Crea experiencias:** En lugar de vender solo productos, ofrece servicios que generen una conexión, como clases, asesorías o talleres.

4. Ejemplos prácticos en la vida diaria

- **Redes sociales como escaparate:** Usa plataformas como Facebook, Instagram o TikTok para mostrar tus habilidades, productos o servicios.
- **Microemprendimientos caseros:** Desde vender postres hasta personalizar accesorios, cualquier idea puede convertirse en una fuente de ingresos.
- **Compartir conocimientos:** Si eres experto en algo, ofrece asesorías o cursos en línea.

5. Beneficios de integrar la creatividad en tu día a día

- **Mayor flexibilidad:** Puedes adaptarte rápidamente a cambios en el mercado o en tu vida personal.
- **Reducción de costos:** Innovar te permite encontrar formas más económicas de alcanzar tus objetivos.
- **Satisfacción personal:** Transformar tu creatividad en una fuente de ingresos es motivador y gratificante.

La economía creativa nos enseña que no hay una única forma de generar ingresos. Al aplicar la creatividad en el día a día, puedes construir un futuro financiero más estable, flexible y alineado con tus intereses. ¡Todo empieza con una idea!

Capítulo 1: Identifica tus habilidades y talentos ocultos

El primer paso hacia la autosuficiencia económica y el desarrollo de tu genialidad es conocer a fondo quién eres y qué puedes ofrecer. Muchas veces, nuestras habilidades más valiosas pasan desapercibidas porque las damos por sentado o porque no las hemos explorado con la intención de monetizarlas. Este capítulo te ayudará a descubrir esas capacidades ocultas y a transformarlas en herramientas económicas poderosas.

1.1. ¿Qué son los talentos ocultos?

Son habilidades que posees pero que quizás no consideras especiales o útiles. Pueden incluir:

- Actividades que realizas fácilmente y que otros consideran difíciles.
- Pasatiempos que disfrutas y que podrían tener valor comercial.
- Cualidades personales como la empatía, el liderazgo o la resolución de problemas.

Ejemplo: Si disfrutas decorar pasteles como pasatiempo, eso podría convertirse en un negocio rentable.

1.2. Métodos para identificar tus habilidades

- **Autoevaluación:** Haz una lista de cosas en las que eres bueno. Incluye actividades académicas, laborales y recreativas.
- **Retroalimentación externa:** Pregunta a tus amigos, familiares o colegas qué habilidades ven en ti.
- **Exploración activa:** Realiza actividades nuevas para descubrir talentos que aún no has explorado.

Ejercicio práctico:
Escribe tres respuestas para cada una de estas preguntas:

1. ¿Qué hago mejor que la mayoría de las personas que conozco?
2. ¿Qué actividades disfruto tanto que podría hacerlas sin sentirme cansado?
3. ¿Qué problemas suelen pedirme que resuelva los demás?

1.3. Talentos útiles para generar ingresos

Una vez que identifiques tus habilidades, evalúa cuáles tienen potencial comercial:

- **Habilidades prácticas:** Reparar cosas, cocinar, hacer manualidades, enseñar.
- **Habilidades digitales:** Diseño gráfico, programación, edición de videos, redes sociales.
- **Habilidades sociales:** Hablar en público, negociar, organizar eventos.

1.4. Conecta tus talentos con las necesidades del mercado

Para que una habilidad sea rentable, debe satisfacer una necesidad específica. Investiga tu entorno:

- ¿Qué productos o servicios buscan las personas a tu alrededor?
- ¿Qué necesidades no están siendo atendidas en tu comunidad?
- ¿Cómo puedes adaptar tus talentos para cubrir esas demandas?

Ejemplo: Si te apasiona cuidar plantas y en tu zona no hay tiendas especializadas, podrías vender plantas personalizadas o dar asesorías sobre su cuidado.

1.5. Identifica tus ventajas competitivas

- **Diferenciación:** ¿Qué puedes ofrecer que sea único o difícil de encontrar?
- **Eficiencia:** ¿Puedes realizar algo más rápido, mejor o de manera más económica que otros?
- **Experiencia:** ¿Tienes conocimientos específicos que otros no tienen?

1.6. Organiza y prioriza tus talentos

No todos tus talentos serán útiles en este momento. Elige los que:

- Te apasionen más.
- Sean más fáciles de poner en práctica.
- Tengan mayor demanda o utilidad inmediata.

Ejercicio práctico:
Haz una tabla con tres columnas:

1. Talento/Habilidad.
2. Posibles usos económicos.
3. Recursos necesarios para monetizarlo.

Conclusión

Descubrir tus habilidades y talentos ocultos no solo es un ejercicio de autoconocimiento, sino el fundamento para construir un modelo económico único y sostenible. A medida que identifiques tus fortalezas, comenzarás a visualizar cómo estas pueden resolver problemas, generar ingresos y transformar tu vida. ¡Estás listo para el siguiente paso!

Herramientas para el Autoconocimiento

El autoconocimiento es el punto de partida para desarrollar tu genialidad y aplicarla de manera económica. Conocer quién eres, cuáles son tus fortalezas y qué te motiva te permitirá tomar decisiones más acertadas y descubrir oportunidades alineadas con tu potencial. Aquí exploraremos herramientas prácticas que te ayudarán a profundizar en tu propio conocimiento.

1. Test de fortalezas y habilidades

Existen pruebas diseñadas para identificar tus áreas de mayor habilidad y talento. Algunas opciones incluyen:

- **Test de inteligencia múltiple:** Descubre si tienes fortalezas en áreas como lógica, creatividad, relaciones interpersonales o habilidades manuales.
- **Evaluaciones de personalidad:** Herramientas como el MBTI (Indicador de Tipos de Myers-Briggs) te ayudan a entender cómo interactúas con el mundo y cuáles son tus preferencias naturales.

Ejercicio: Realiza un test gratuito en línea y analiza cómo tus resultados reflejan tus intereses y habilidades.

2. Diario personal de habilidades

Llevar un diario puede ayudarte a reflexionar sobre tus experiencias diarias y a identificar patrones en tus fortalezas.

- **Registra logros:** Anota cada día algo que hiciste bien o que te dio satisfacción.
- **Reflexiona sobre retos superados:** Considera los problemas que resolviste y cómo lo lograste.
- **Busca consistencia:** Observa qué tipo de actividades se repiten y en cuáles te destacas.

3. Feedback de tu entorno

A menudo, las personas que nos rodean ven en nosotros talentos que no percibimos.

- **Pregunta a tus amigos, familiares o colegas:**
    - ¿Qué creen que haces mejor que otros?
    - ¿Qué admiran de ti?
    - ¿En qué áreas consideran que podrías destacarte?
- **Escucha con mente abierta:** Aunque algunas respuestas puedan sorprenderte, podrían revelar habilidades ocultas.

Ejercicio práctico: Pregunta a tres personas de confianza sobre tus cualidades más destacadas y compara sus respuestas.

4. Mapas mentales de intereses y habilidades

Crea un mapa visual para organizar tus intereses, habilidades y experiencias.

1. Escribe tu nombre en el centro de una hoja.
2. Dibuja ramas con categorías como "Hobbies", "Habilidades profesionales", "Actividades favoritas", "Lo que me motiva".
3. Llena cada rama con ideas relacionadas.
4. Busca conexiones entre tus intereses y habilidades que puedan transformarse en oportunidades económicas.

5. Análisis DAFO personal

El análisis DAFO (Debilidades, Amenazas, Fortalezas, Oportunidades) es una herramienta de autoconocimiento muy útil.

- **Fortalezas:** ¿Qué haces mejor que la mayoría?
- **Debilidades:** ¿Qué habilidades necesitas mejorar?
- **Oportunidades:** ¿Qué tendencias o necesidades del entorno podrías aprovechar?
- **Amenazas:** ¿Qué obstáculos podrías enfrentar?

Ejercicio práctico: Completa un análisis DAFO enfocado en tu potencial económico.

6. Mindfulness y reflexión personal

La práctica de la atención plena (mindfulness) te ayuda a estar más conectado contigo mismo. Dedica tiempo a reflexionar sobre:

- Lo que realmente te apasiona.
- Las actividades que te hacen sentir satisfecho y realizado.
- Los valores que quieres que guíen tus decisiones económicas.

7. El método de las tres preguntas

Responde estas preguntas de manera honesta y sin limitarte:

1. ¿Qué harías si el dinero no fuera un problema?
2. ¿Qué harías si supieras que no puedes fracasar?
3. ¿Qué te apasiona tanto que podrías hacerlo gratis?

Tus respuestas revelarán pistas importantes sobre tus intereses y talentos.

Conclusión

El autoconocimiento no solo te permite identificar tus habilidades, sino también entender cómo aplicarlas de forma estratégica para alcanzar tus metas económicas. Estas herramientas son el inicio de un viaje hacia tu verdadero potencial. ¡Empieza hoy y descubre todo lo que eres capaz de lograr!

Transformar Pasatiempos en Oportunidades

Los pasatiempos son más que actividades recreativas; pueden ser la clave para generar ingresos y crear un modelo de negocio que disfrutes. Este capítulo te mostrará cómo identificar el potencial económico de tus intereses y convertirlos en oportunidades reales.

1. Identifica el valor de tu pasatiempo

No todos los pasatiempos son iguales, pero muchos tienen el potencial de resolver problemas o satisfacer necesidades en otras personas. Pregúntate:

- ¿Qué hace único a tu pasatiempo?
- ¿Podría ayudar a alguien o mejorar su calidad de vida?
- ¿Hay un mercado para productos o servicios relacionados con tu actividad?

Ejemplo: Si amas la repostería, puedes vender pasteles personalizados o dar clases sobre decoración.

2. Investiga tu mercado

Transformar un pasatiempo en una oportunidad requiere conocer a quién podrías ofrecerle tus productos o servicios.

- **Identifica a tu público objetivo:** ¿Quién necesita o valora lo que haces?
- **Analiza la competencia:** ¿Cuántas personas ofrecen algo similar? ¿Qué puedes hacer diferente?
- **Explora tendencias:** Las redes sociales son excelentes para descubrir qué está en auge.

Ejemplo: Si disfrutas tejer, podrías vender artículos únicos en mercados artesanales o a través de plataformas digitales como Etsy.

3. Genera una propuesta de valor

Piensa en lo que hace especial a tu pasatiempo y cómo puedes presentarlo de forma atractiva:

- ¿Tu producto es personalizado o único?
- ¿Tu servicio ofrece comodidad o resuelve un problema?
- ¿Tu experiencia brinda algo que la gente no encuentra en otros lados?

Ejemplo: Si tu pasatiempo es cuidar plantas, puedes crear kits de jardinería para principiantes con guías prácticas.

4. Aprovecha la tecnología

El entorno digital abre puertas para monetizar casi cualquier pasatiempo. Considera:

- **Redes sociales:** Comparte contenido relacionado con tu actividad para atraer seguidores y posibles clientes.
- **Tiendas en línea:** Crea una tienda en plataformas como Shopify, Mercado Libre o Amazon.
- **Cursos y tutoriales:** Ofrece formación en línea para enseñar a otros lo que haces.

Ejemplo: Si amas la fotografía, puedes vender tus fotos en bancos de imágenes como Shutterstock o impartir talleres en línea.

5. Ofrece experiencias en lugar de solo productos

Transforma tu pasatiempo en algo que las personas quieran vivir:

- Organiza eventos o talleres.

- Ofrece asesorías personalizadas.
- Crea comunidades alrededor de tu actividad.

Ejemplo: Si eres amante de la cocina, organiza clases de cocina temáticas o experiencias gastronómicas en casa.

---

6. Establece metas y estructura tu proyecto

Convertir un pasatiempo en una fuente de ingresos requiere organización:

- **Define tus objetivos:** ¿Quieres ingresos extra o convertirlo en un negocio a tiempo completo?
- **Crea un plan:** Establece pasos claros para monetizar tu actividad.
- **Gestiona tus recursos:** Considera el tiempo, dinero y herramientas que necesitas.

---

7. Ejemplos inspiradores

- **Arte y manualidades:** Personas que empezaron vendiendo en mercados locales y ahora tienen marcas reconocidas.
- **Fitness y deportes:** Instructores que comenzaron entrenando amigos y ahora tienen comunidades en línea.
- **Escritura y contenido:** Bloggers o escritores que monetizaron sus pasiones a través de libros, blogs y patrocinios.

---

8. Experimenta y ajusta

No tengas miedo de probar diferentes enfoques para monetizar tu pasatiempo. Aprende de tus errores y ajusta tu estrategia según las necesidades del mercado.

Conclusión

Tus pasatiempos pueden convertirse en más que una fuente de disfrute: pueden ser la base para oportunidades económicas sostenibles. La clave está en identificar su potencial, adaptarlos al mercado y presentarlos de forma atractiva. ¡Lo que amas hacer puede ser tu mejor inversión!

Reconocer Necesidades del Mercado

Identificar necesidades en el mercado es un paso esencial para transformar tus ideas, habilidades o pasatiempos en una oportunidad económica. Esto implica observar, analizar y comprender lo que las personas necesitan, desean o buscan, pero que aún no han encontrado de manera satisfactoria. En este capítulo, aprenderás a detectar esas necesidades y cómo conectar tu genialidad con ellas.

1. ¿Qué son las necesidades del mercado?

Las necesidades del mercado son demandas, problemas o deseos de un grupo de personas que aún no han sido atendidos o resueltos completamente. Pueden variar desde productos y servicios específicos hasta soluciones innovadoras para problemas cotidianos.

Ejemplo: En una comunidad sin tiendas especializadas en comida saludable, abrir un puesto de productos orgánicos puede cubrir una necesidad.

2. Cómo identificar las necesidades del mercado

2.1. Observa tu entorno cercano

- Analiza tu comunidad o vecindario: ¿Qué servicios faltan?
- Habla con las personas: ¿Qué mencionan como problemas recurrentes?
- Identifica tendencias locales: ¿Qué productos o servicios están en auge?

2.2. Usa herramientas digitales

- **Redes sociales:** Observa comentarios, quejas y preguntas en grupos o foros.
- **Búsquedas en Google:** Identifica términos populares que la gente busca en tu área.
- **Plataformas de ventas:** Analiza qué productos o servicios son más vendidos en sitios como Mercado Libre o Amazon.

2.3. Investiga tu nicho

- Realiza encuestas o entrevistas simples a personas de tu entorno.
- Consulta estadísticas y estudios de mercado relacionados con tus intereses o habilidades.
- Evalúa cómo tus habilidades o pasatiempos pueden llenar vacíos existentes.

3. Categorías comunes de necesidades

Las necesidades suelen dividirse en estas categorías:

- **Necesidades básicas:** Comida, ropa, vivienda, transporte.
- **Entretenimiento y recreación:** Películas, juegos, eventos, hobbies.
- **Educación y conocimiento:** Clases, talleres, asesorías.
- **Bienestar y salud:** Productos orgánicos, servicios de cuidado personal, ejercicio.
- **Tecnología y digitalización:** Soluciones prácticas como servicios de entrega o diseño web.

4. Análisis de competencia

Reconocer lo que ya existe en el mercado es crucial para identificar oportunidades:

- **Qué hacen bien:** Aprende de sus estrategias exitosas.
- **Qué falta:** Identifica brechas o áreas de mejora que podrías cubrir.
- **Cómo diferenciarte:** Ofrece un enfoque único, precios más accesibles o mayor personalización.

5. Piensa en tendencias futuras

- Investiga hacia dónde se dirige el mercado en tu industria.
- Considera cambios culturales, tecnológicos o sociales que puedan generar nuevas necesidades.

Ejemplo: El auge de la sostenibilidad ha creado una demanda por productos reciclados, energías limpias y empaques ecológicos.

6. Ejercicios prácticos

6.1. Lista de problemas comunes

Haz una lista de problemas que observas a tu alrededor. Luego, piensa en cómo tus habilidades, pasatiempos o recursos pueden ayudar a resolverlos.

- Problema: "No hay suficiente oferta de comida saludable."
- Solución: "Crear un servicio de comidas a domicilio con opciones saludables y accesibles."

6.2. Encuestas rápidas

Pregunta a personas de tu entorno:

- ¿Qué productos o servicios sienten que faltan?
- ¿Qué les gustaría mejorar o cambiar en su día a día?

7. Ejemplos de necesidades detectadas y soluciones

- **Necesidad:** Personas ocupadas buscan ahorrar tiempo en la cocina.
  Solución: Ofrecer comidas congeladas listas para calentar, hechas con ingredientes frescos.
- **Necesidad:** Padres que buscan actividades educativas para sus hijos.
  Solución: Crear talleres creativos o educativos para niños los fines de semana.

Conclusión

Reconocer las necesidades del mercado no solo es una habilidad, sino una oportunidad para conectar tu talento con lo que la gente realmente necesita. Al enfocarte en resolver problemas reales, crearás un valor único que no solo será útil para los demás, sino también una base sólida para tu éxito financiero. ¡El siguiente paso es convertir estas ideas en acción!

Capítulo 2: Técnicas para Despertar tu Genialidad

Desarrollar tu genialidad no es algo que ocurra de la noche a la mañana, pero sí es un proceso que puedes cultivar con las herramientas y enfoques adecuados. La genialidad es un estado mental y creativo que todos poseemos, pero a menudo se ve opacada por el miedo al fracaso, la falta de confianza o simplemente por la rutina. En este capítulo, exploraremos técnicas efectivas que te ayudarán a despertar tu creatividad, fomentar tu pensamiento innovador y desarrollar la mentalidad que necesitas para transformar tu realidad económica.

1. Reconoce y Desafía tus Creencias Limitantes

Una de las primeras barreras que impiden que despiertes tu genialidad es lo que piensas de ti mismo. Las creencias limitantes como "no soy lo suficientemente bueno", "esto no es para mí" o "es demasiado tarde" son obstáculos invisibles que te alejan de tu potencial. El primer paso es reconocerlas y cuestionarlas.

Ejercicio:
Haz una lista de todas las creencias limitantes que tienes sobre ti mismo. Luego, reformúlalas en términos positivos. Por ejemplo:

- "No soy lo suficientemente bueno" se convierte en "Tengo talentos únicos que puedo mejorar con práctica".
- "No tengo tiempo para emprender" se convierte en "Puedo encontrar tiempo si priorizo mis actividades".

El simple acto de reestructurar tus pensamientos puede liberar un gran potencial creativo.

2. Practica el Pensamiento Lateral

El pensamiento lateral es una técnica que nos permite encontrar soluciones fuera de los patrones convencionales de pensamiento. A menudo, las soluciones más creativas y efectivas se encuentran cuando nos alejamos de la forma tradicional de resolver los problemas.

Ejercicio:
Toma un problema que estés enfrentando y haz una lluvia de ideas para encontrar al menos cinco soluciones que no se te habrían ocurrido de manera lógica. No te limites a lo que crees que es posible, permítete pensar sin restricciones. El objetivo aquí es pensar "fuera de la caja".

3. Fomenta la Curiosidad y el Aprendizaje Continuo

Las personas que han logrado grandes innovaciones son, en su mayoría, personas extremadamente curiosas. La curiosidad no solo te lleva a nuevas ideas, sino que te obliga a aprender y crecer constantemente. La genialidad surge cuando combinas tus experiencias, aprendizajes y conocimientos de diferentes campos.

Ejercicio:
Dedica al menos 30 minutos al día a aprender algo nuevo. Puede ser leer un libro sobre un tema desconocido para ti, escuchar un podcast sobre un área que te interese o incluso aprender una habilidad práctica, como la fotografía o el diseño gráfico. Cuanto más alimentes tu mente con nuevos conocimientos, más fácil será conectar ideas y generar soluciones creativas.

4. Crea un Entorno que Estimule la Creatividad

El entorno en el que trabajas influye directamente en tu capacidad de generar ideas y encontrar soluciones innovadoras. Organiza tu espacio para fomentar la creatividad, reduciendo el desorden y creando un ambiente inspirador.

Ejercicio:
Haz una revisión de tu entorno de trabajo o estudio. ¿Está alineado con tus metas y con el tipo de trabajo creativo que deseas realizar? Agrega elementos que te inspiren, como imágenes, citas motivacionales o incluso plantas. Un entorno ordenado y estimulante puede ayudar a desbloquear tu genialidad.

5. El Poder de la Colaboración

Aunque la genialidad puede parecer algo individual, trabajar con otras personas puede potenciar enormemente tu creatividad. La colaboración permite combinar diferentes perspectivas y habilidades, lo que puede generar ideas mucho más grandes que las que podrías tener solo.

Ejercicio:
Busca una persona con la que puedas intercambiar ideas sobre tus proyectos o problemas. Esto no tiene que ser un mentor, puede ser alguien de tu círculo cercano o incluso un compañero de trabajo. Escuchar diferentes puntos de vista puede proporcionarte ideas que no habrías considerado por ti mismo.

6. La Técnica del "Brainstorming" (Lluvia de Ideas)

La lluvia de ideas es una técnica clásica para desbloquear la creatividad. Se trata de anotar todas las ideas que se te ocurran, sin juzgarlas ni editarlas. Este ejercicio te permite ver un problema desde diferentes ángulos y encontrar soluciones innovadoras.

Ejercicio:
Escribe un problema específico que deseas resolver y anota todas las ideas que se te ocurran en una hoja, sin preocuparte por si son buenas o malas. Después de unos minutos, revisa las ideas y selecciona las que más te llamen la atención para desarrollarlas.

7. La Importancia del Descanso y la Reflexión

El descanso y la reflexión son clave para permitir que tu mente procese y conecte las ideas. Si estás constantemente trabajando sin descansar, tu creatividad se ve afectada. Es importante tomarte momentos de pausa para dejar que las ideas fluyan de forma natural.

Ejercicio:
Haz pausas regulares durante el día para desconectarte del trabajo. Puedes hacer una caminata corta, meditar o simplemente relajarte sin pensar en nada en particular. Durante estos momentos de descanso, las ideas y soluciones pueden surgir de forma espontánea.

Conclusión del Capítulo 2: Despertando Tu Genialidad

Despertar tu genialidad es un proceso continuo. No se trata solo de aplicar técnicas o ejercicios aislados, sino de desarrollar una mentalidad abierta, curiosa y dispuesta a aprender de cada experiencia. Cada paso que des para desafiar tus creencias, mejorar tus habilidades y fomentar la creatividad te acercará más a descubrir tu verdadero potencial.

La genialidad está dentro de ti, solo necesitas las herramientas adecuadas y la disposición para liberar tu creatividad. Empieza hoy mismo con estos ejercicios y observa cómo tu forma de pensar, actuar y emprender comienza a transformar tu vida económica.

Brainstorming Efectivo: Generando Ideas Creativas y Prácticas

El **brainstorming** o lluvia de ideas es una de las herramientas más poderosas para despertar la creatividad y encontrar soluciones innovadoras. Sin embargo, no todos los brainstorming son igualmente efectivos. Un **brainstorming efectivo** requiere un enfoque claro, reglas para garantizar que fluya la creatividad sin restricciones, y técnicas para garantizar que las ideas se puedan evaluar y desarrollar después.

1. Preparación del Espacio y el Contexto

Para que un brainstorming sea verdaderamente efectivo, es fundamental que el ambiente sea cómodo y libre de distracciones. Si trabajas en equipo, asegúrate de que todos se sientan cómodos al compartir sus ideas, sin temor a ser juzgados.

Consejos:

- Elige un espacio tranquilo donde las personas puedan concentrarse sin interrupciones.
- Asegúrate de contar con materiales como pizarras, marcadores, post-its o una herramienta digital si trabajas de forma remota.

2. Define Claramente el Problema o Tema

Antes de comenzar la lluvia de ideas, asegúrate de que todos los participantes entiendan el problema o el tema a tratar. Si el objetivo no está claro, el brainstorming puede desviarse o resultar confuso.

Ejemplo:
Si estás buscando soluciones para mejorar la eficiencia de un negocio, el objetivo podría ser: *"Generar ideas para aumentar las ventas en los próximos tres meses utilizando métodos no convencionales"*.

3. Establece Reglas Básicas

Aunque la lluvia de ideas es un espacio para la creatividad, es importante establecer algunas reglas para que las ideas fluyan de manera productiva. Algunas reglas clave incluyen:

- **Sin críticas:** No se permite la crítica o el juicio de las ideas, ya que esto puede bloquear la creatividad. Cada idea es válida en esta etapa.
- **Cantidad sobre calidad:** El objetivo inicial es generar la mayor cantidad posible de ideas, sin preocuparse si son buenas o malas.
- **Construir sobre las ideas de otros:** Fomentar la colaboración y la mejora de las ideas planteadas por otros miembros del grupo.

4. Técnicas de Brainstorming Efectivas

Existen varias técnicas de brainstorming que pueden hacer más dinámico y efectivo el proceso. Aquí te comparto algunas de las más útiles:

- **Lluvia de Ideas en Grupo:** Todos los miembros del grupo expresan sus ideas sin ningún tipo de filtrado o juicio. Se anotan todas las ideas en una pizarra o en post-its para su posterior análisis.
- **Brainstorming Individual:** Antes de reunir al grupo, cada miembro escribe sus ideas individualmente. Luego, se comparte el resultado con el grupo. Esta técnica es útil para evitar que las ideas de una persona dominen la conversación.
- **Método SCAMPER:** SCAMPER es un acrónimo de **Sustituir, Combinar, Adaptar, Modificar, Poner en otro uso, Eliminar, y Revertir**. Cada uno de estos pasos invita a pensar en cómo modificar una idea existente para crear algo nuevo. Es una excelente técnica cuando se quiere generar alternativas de un mismo concepto.
- **Mapa Mental:** Utilizando un diagrama central, puedes organizar ideas alrededor de un tema principal. Cada idea lleva a nuevas ramificaciones, ayudando a visualizar cómo se conectan las distintas soluciones.

- **Lluvia de Ideas por Invitación:** Cada participante puede invitar a otra persona a compartir ideas durante el brainstorming. Esto promueve la inclusión de perspectivas externas.

5. Fase de Evaluación y Selección de Ideas

Una vez que se han generado suficientes ideas, es hora de evaluar cuáles son viables y efectivas. Puedes hacer esto de varias formas:

- **Clasificación por viabilidad:** Después de generar ideas, clasifícalas según su facilidad de implementación, costos, recursos necesarios, etc.
- **Evaluación en grupo:** El grupo puede votar por las ideas que consideren más relevantes o innovadoras.
- **Priorización:** Escoge las ideas con mayor potencial para resolver el problema, o que puedan ejecutarse en el corto o mediano plazo.

6. Acción Posterior: Desarrollar las Ideas Seleccionadas

Una vez que hayas seleccionado las mejores ideas, el siguiente paso es desarrollarlas más a fondo y empezar a implementar soluciones. Es importante no dejar que las ideas se queden solo en papel; crea un plan de acción concreto para llevarlas a cabo.

Ejemplo de pasos de acción:

- **Definir objetivos específicos para implementar la idea.**
- **Establecer un cronograma para su ejecución.**
- **Asignar responsabilidades y recursos necesarios.**

7. Reflexión sobre el Proceso de Brainstorming

Después de la sesión de brainstorming, es útil reflexionar sobre el proceso:

- ¿Qué funcionó bien?
- ¿Qué podría mejorarse para la próxima vez?
- ¿Las ideas generadas fueron efectivas y alineadas con los objetivos?

Este análisis puede ayudarte a hacer el proceso aún más efectivo en futuras sesiones.

Conclusión del Brainstorming Efectivo

Un **brainstorming efectivo** no solo se trata de generar muchas ideas, sino de hacerlo de una manera estructurada y sin restricciones para que la creatividad fluya libremente. Utilizando las técnicas y herramientas adecuadas, puedes despertar tu genialidad y la de los demás para encontrar soluciones innovadoras que impacten positivamente tus proyectos y tu vida económica.

Ejercicios Prácticos de Innovación

La innovación no es solo para grandes inventores; todos podemos ser innovadores en nuestras vidas diarias y en nuestros negocios. Estos ejercicios están diseñados para ayudarte a desarrollar tu capacidad creativa e innovadora. No se trata solo de generar ideas, sino de llevarlas a la práctica de manera que transformen tu situación económica o personal.

1. El Ejercicio de "Redefinir el Problema"

A menudo, estamos tan enfocados en cómo resolver un problema que olvidamos la importancia de entender el verdadero problema detrás de él. Este ejercicio te ayudará a redefinir lo que parece un obstáculo para encontrar nuevas perspectivas y soluciones.

Cómo hacerlo:

1. Escribe un problema que estés enfrentando (por ejemplo, "No tengo suficiente dinero para invertir en mi negocio").
2. Responde a estas dos preguntas:
   - ¿Por qué este es un problema para mí?
   - ¿Qué aspecto de este problema podría no ser un problema en absoluto?
3. Ahora, redefínelo desde una perspectiva diferente. Por ejemplo, en vez de enfocarte en la falta de dinero, puedes enfocarte en cómo puedes generar ingresos de manera creativa o utilizar recursos que ya tienes.

Objetivo:
Redefinir los problemas puede cambiar tu enfoque y permitirte ver soluciones innovadoras que antes no considerabas.

2. Ejercicio de "Combina Elementos Inesperados"

La innovación muchas veces surge de la combinación de dos o más ideas o conceptos que normalmente no estarían relacionados entre sí. Este ejercicio te ayudará a pensar de forma no lineal y encontrar nuevas formas de hacer las cosas.

Cómo hacerlo:

1. Elige dos áreas o conceptos que normalmente no se combinan. Por ejemplo, **tecnología** y **agricultura**.

2. Haz una lluvia de ideas sobre cómo podrías combinar estos dos conceptos para resolver un problema o crear algo nuevo.

Ejemplo:

- ¿Cómo podría la **tecnología** mejorar los procesos agrícolas locales?
- ¿Qué innovaciones tecnológicas podrían ayudar a agricultores en zonas rurales a mejorar su producción?

Objetivo:
Encontrar combinaciones inusuales de ideas puede inspirar soluciones innovadoras que transformen sectores enteros o procesos.

---

3. Ejercicio de "El Futuro Ideal"

A menudo nos limitamos por lo que sabemos y podemos hacer en el presente. Este ejercicio te permite soñar sin restricciones y pensar en un futuro ideal, lo cual puede abrir tu mente a nuevas posibilidades innovadoras.

Cómo hacerlo:

1. Imagina que dentro de 10 años, todo lo que quieres lograr con tu negocio o vida personal ya se ha cumplido.
2. Escribe cómo se ve tu vida en ese futuro ideal.
    - ¿Qué has logrado?
    - ¿Cómo has llegado hasta ahí?
    - ¿Qué obstáculos superaste para llegar a este punto?
3. Reflexiona sobre las claves de ese futuro ideal que podrían ser aplicables en tu situación actual.

Objetivo:
Este ejercicio permite que tu mente piense sin limitaciones temporales, lo que puede resultar en soluciones creativas que quizás no habías considerado antes.

---

4. Ejercicio de "El Juego de los 5 Porqués"

El método de los 5 porqués es una técnica sencilla pero poderosa que se utiliza para profundizar en la causa raíz de un problema. Cada vez que respondas a un "por qué", profundizas más en las causas subyacentes.

Cómo hacerlo:

1. Define un problema o desafío específico que enfrentas (por ejemplo, "Mis ventas han caído").
2. Pregúntate "¿por qué?" y responde.
3. Toma la respuesta y pregúntate "¿por qué?" nuevamente. Repite este proceso hasta llegar a la quinta pregunta.

Ejemplo:

- ¿Por qué mis ventas han caído?
  Porque los clientes no están comprando lo que ofrezco.
- ¿Por qué los clientes no compran?
  Porque mis productos no se ajustan a sus necesidades.
- ¿Por qué mis productos no se ajustan a sus necesidades?
  Porque no hice una investigación adecuada de mercado.
- ¿Por qué no hice una investigación adecuada de mercado?
  Porque no tenía suficiente tiempo para enfocarme en ello.
- ¿Por qué no tenía suficiente tiempo?
  Porque no prioricé adecuadamente mis tareas y delegué tareas importantes.

Objetivo:

Este ejercicio te permite identificar las causas reales de un problema y te muestra áreas de mejora que podrías haber pasado por alto.

---

5. Ejercicio de "La Solución Contraria"

Este ejercicio consiste en pensar en lo que normalmente se haría para resolver un problema y luego hacer lo opuesto. Esto puede generar ideas disruptivas y soluciones innovadoras que no habrías considerado de otra manera.

Cómo hacerlo:

1. Identifica un problema específico (por ejemplo, "Mi negocio está perdiendo clientes").
2. Reflexiona sobre las estrategias tradicionales o comunes que las personas usarían para resolver este problema.
3. Piensa en la solución opuesta o contraria a esa estrategia. ¿Qué sucedería si aplicas lo contrario de lo que generalmente se hace?

Ejemplo:

- **Estrategia tradicional:** Ofrecer descuentos para atraer más clientes.
- **Solución contraria:** Dejar de ofrecer descuentos y enfocarte en crear una experiencia única y personalizada para cada cliente.

Objetivo:
Este ejercicio te permite desafiar las convenciones y encontrar soluciones creativas que se destacan por su singularidad.

---

6. Ejercicio de "Simulación de Escenarios"

A veces las mejores ideas nacen al imaginarte en un escenario diferente al actual. Este ejercicio de simulación te permite explorar posibilidades sin restricciones, lo cual puede generar ideas nuevas.

Cómo hacerlo:

1. Crea un escenario alternativo en el que todos los recursos estén a tu disposición (por ejemplo, imagina que tienes una inversión millonaria para tu negocio).
2. En este escenario, ¿cómo resolverías el problema o desafío que tienes?
3. Después, analiza qué aspectos de ese escenario pueden ser aplicados a tu situación actual, aunque los recursos sean limitados.

Objetivo:
Este ejercicio ayuda a pensar en grande, incluso si los recursos actuales no permiten llevar a cabo todas las ideas generadas. A menudo, las soluciones más creativas surgen de adaptar estas ideas a tu contexto.

Conclusión:

La innovación es una habilidad que puedes desarrollar y mejorar a través de la práctica constante. Estos ejercicios no solo te ayudarán a generar ideas creativas, sino que también te permitirán encontrar nuevas formas de aplicar la creatividad en tu vida cotidiana o en tus proyectos. La clave está en no temer a lo desconocido y estar dispuesto a explorar nuevas posibilidades.

Crear Soluciones Originales para Problemas Cotidianos

La creatividad no solo se aplica en campos artísticos o científicos, sino también en la vida diaria. Muchas veces, los problemas cotidianos pueden parecer pequeños, pero son una gran oportunidad para pensar en soluciones originales que mejoren nuestra calidad de vida, productividad o bienestar económico. A continuación, te comparto algunas técnicas para generar soluciones originales a problemas comunes.

1. Identificar el Problema Real

Para encontrar una solución original, primero es crucial entender bien el problema que intentas resolver. No te limites a ver solo la superficie; profundiza en la raíz del problema.

Ejemplo de problema superficial: *"El tráfico es insoportable."*

Pregúntate: ¿Qué está causando el tráfico? ¿Es solo la congestión en la carretera o también la falta de transporte eficiente en mi área? Tal vez el problema no es solo el tráfico, sino la falta de alternativas de transporte o la ubicación de las rutas.

Solución Original: En lugar de esperar a que mejoren las infraestructuras, puedes organizar carpooling (compartir el automóvil con otros), fomentar el uso de bicicletas, o incluso promover el trabajo remoto en comunidades locales.

---

2. Desafiar las Normas

Las soluciones más originales a menudo nacen cuando desafías las convenciones y encuentras formas diferentes de abordar un problema.

Ejemplo de problema común: *"El lugar de trabajo no está organizado y es difícil encontrar lo que necesito."*

Solución convencional: Comprar más estanterías o clasificar más cuidadosamente.

Solución Original: En lugar de simplemente reorganizar, ¿qué tal crear un sistema de organización interactivo usando tecnología? Puedes implementar un sistema digital de gestión de inventario con códigos QR para cada objeto en tu oficina o casa, lo que facilita localizar las cosas rápidamente.

---

3. Aplicar la Técnica de "Inversión"

La técnica de **invertir** un problema te ayuda a pensar en lo opuesto. Esto puede abrir la puerta a soluciones innovadoras que no habías considerado.

Ejemplo de problema común: *"Mis hijos se distraen mucho con los dispositivos electrónicos."*

Solución convencional: Establecer límites de tiempo o restringir el acceso a los dispositivos.

Solución Original (invertida): En lugar de prohibir el uso de los dispositivos, convierte los electrónicos en herramientas educativas. Crea una rutina en la que ellos utilicen los dispositivos para aprender algo nuevo, como aplicaciones educativas, o programas de arte, ciencia y tecnología.

---

4. Crear Soluciones "Low-Cost"

A veces, las soluciones más originales y efectivas son las más simples y de bajo costo. Piensa en cómo resolver los problemas con recursos limitados.

Ejemplo de problema: *"El agua en mi casa siempre se corta en verano, y necesito encontrar una manera de almacenarla."*

Solución convencional: Instalar un costoso sistema de almacenamiento de agua.

Solución Original (low-cost): Utiliza cubos o tanques reciclados, organiza un sistema de recolección de agua de lluvia en el techo, o incluso crea una red de intercambio de agua con los vecinos que puedan compartir el suministro.

---

5. Aplicar la Técnica de "Brainstorming" Invertido

En lugar de buscar respuestas o soluciones directamente, busca todos los posibles caminos que **no** resolverían el problema y encuentra formas de evitar esos errores. Esto te permitirá pensar fuera de lo común y generar nuevas soluciones.

Ejemplo de problema: *"Quiero mejorar mi productividad en el trabajo, pero siempre me siento abrumado."*

Paso 1: Piensa en todo lo que NO debes hacer (por ejemplo, no tener una lista de tareas claras, no priorizar, procrastinar, etc.).

Paso 2: Luego, reflexiona sobre cómo podrías hacer lo opuesto a esos errores. Por ejemplo, establece metas diarias claras, toma descansos regulares y utiliza técnicas como la Pomodoro para mantener la concentración.

Solución Original: Al evitar estos errores, te encuentras con nuevas formas de abordar tus tareas de manera más efectiva.

---

6. "La Solución de la Abuela"

Este ejercicio consiste en buscar soluciones en la sabiduría de generaciones anteriores, que a menudo tienen enfoques prácticos y sencillos para los problemas cotidianos.

Ejemplo de problema: *"Siempre me olvido de apagar las luces de la casa."*

Solución tradicional (moderna): Instalar interruptores inteligentes o luces con sensores de movimiento.

Solución Original (sabiduría de la abuela): Coloca notas recordatorias cerca de los interruptores o en puntos visibles de la casa, o adopta una rutina diaria en la que siempre apagues las luces en los mismos horarios, tal y como hacían en tiempos pasados.

---

7. Combina Soluciones de Distintas Áreas

Las soluciones más innovadoras a menudo provienen de la combinación de ideas de diferentes áreas del conocimiento o industrias. Esto puede abrir posibilidades que no habías imaginado.

Ejemplo de problema: *"Quiero reducir el desperdicio de comida en mi hogar."*

Solución convencional: Comprar solo lo que voy a consumir o donar los sobrantes.

Solución Original: Combina conceptos de **gestión de inventarios** con **tecnologías agrícolas urbanas**. Puedes crear un pequeño huerto vertical dentro de tu casa para aprovechar los restos de comida y convertirlos en compost, lo cual también ayuda a reducir el desperdicio de alimentos y crea un ciclo sostenible.

---

8. Utilizar Recursos Locales y Comunitarios

A menudo, los recursos comunitarios o locales pueden proporcionar soluciones originales a problemas cotidianos sin necesidad de gastar mucho dinero.

Ejemplo de problema: *"No tengo suficiente espacio para cultivar alimentos frescos en casa."*

Solución convencional: Comprar tierra o alquilar un espacio en un huerto comunitario.

Solución Original: Colabora con tus vecinos para crear un huerto compartido en un área común del vecindario, utilizando jardines comunitarios o espacios públicos para cultivar alimentos. Además, esto fomenta el trabajo colaborativo y el fortalecimiento de la comunidad.

Conclusión: Crear Soluciones Originales es una Habilidad Que Todos Podemos Desarrollar

La creatividad no es un talento exclusivo de los artistas; es una habilidad que cualquiera puede desarrollar. Al identificar problemas, desafiar normas y combinar ideas de manera innovadora, podemos encontrar soluciones originales para los desafíos cotidianos. Cada pequeño cambio en la forma en que abordamos nuestros problemas puede tener un gran impacto a nivel personal y económico.

Capítulo 3: De la Idea a la Acción

Tener una idea brillante es solo el comienzo; el verdadero desafío está en llevarla a la práctica. En este capítulo, aprenderás cómo transformar tus ideas en proyectos concretos que generen impacto y resultados económicos. Este proceso incluye planificación, pruebas, ajustes y ejecución.

1. La importancia de actuar

Una idea sin acción es como un mapa sin un destino claro. Tomar el primer paso es crucial para:

- Validar si tu idea realmente funciona.
- Aprender en el camino y mejorarla.
- Generar confianza en ti mismo y en los demás.

2. Definir objetivos claros

Antes de actuar, es fundamental establecer metas específicas y medibles. Pregúntate:

- ¿Qué quiero lograr con esta idea?
- ¿Qué problema estoy resolviendo?
- ¿Cuál es mi público objetivo?

Ejemplo: Si tu idea es crear un negocio de pasteles personalizados, un objetivo claro podría ser: "Vender 10 pasteles en el primer mes".

3. Diseña un plan de acción

Un plan te ayudará a mantener el enfoque y evitar sentirte abrumado. Sigue estos pasos:

- **Divide tu objetivo en tareas pequeñas:** Escribe cada acción necesaria para implementar tu idea.
    - Investigar proveedores.
    - Diseñar un logo o marca.
    - Crear un perfil en redes sociales.
- **Establece prioridades:** Enfócate primero en las tareas más importantes o urgentes.
- **Fija plazos:** Asigna fechas para completar cada tarea y cúmplelas.

4. Haz una prueba piloto

Antes de lanzarte de lleno, prueba tu idea en una escala pequeña. Esto te permitirá:

- Recibir retroalimentación de personas reales.
- Ajustar tu producto o servicio según las necesidades del mercado.
- Minimizar riesgos financieros.

Ejemplo: Si planeas vender productos artesanales, inicia ofreciendo algunos artículos a amigos o en un bazar local para evaluar su aceptación.

---

5. Maneja recursos con inteligencia

Muchas veces, el miedo a no tener suficiente dinero o tiempo puede frenar la acción. Aquí algunas estrategias:

- **Empieza con lo que tienes:** Utiliza tus recursos actuales, como habilidades, contactos o herramientas, para dar el primer paso.
- **Sé creativo con el presupuesto:** Busca alternativas económicas como materiales reciclados, promoción orgánica en redes sociales o colaboraciones.
- **Optimiza tu tiempo:** Dedica un horario específico a trabajar en tu proyecto, incluso si solo son unas horas a la semana.

---

6. Enfrenta el miedo y la procrastinación

Es normal sentir miedo al fracaso o dudar de tus capacidades. Para superarlo:

- **Adopta una mentalidad de aprendizaje:** Cada paso, incluso los errores, te acerca más al éxito.
- **Visualiza el resultado final:** Imagina cómo será tu vida una vez que tu idea se materialice.
- **Encuentra apoyo:** Comparte tus planes con personas de confianza que te motiven y te den consejos.

---

7. Aprende del camino

El proceso de convertir una idea en realidad siempre incluye ajustes y mejoras.

- **Escucha a tus clientes:** Sus comentarios te ayudarán a afinar tu oferta.
- **Evalúa tus resultados:** ¿Qué funcionó bien? ¿Qué se puede mejorar?

- **Sé flexible:** Si algo no funciona, no te desanimes; adapta tu estrategia.

8. Ejemplo práctico: El caso de Ana

Ana tenía una pasión por la jardinería y decidió iniciar un negocio vendiendo macetas decoradas.

1. Definió su objetivo: "Vender 20 macetas en dos meses".
2. Diseñó un plan de acción: Buscó materiales económicos, creó una cuenta de Instagram y publicó fotos de sus diseños.
3. Hizo una prueba piloto: Vendió 10 macetas a amigos y recibió retroalimentación para mejorar.
4. Escaló su idea: Amplió su producción e incorporó envíos a domicilio.

Hoy, Ana tiene un negocio exitoso gracias a su decisión de actuar.

Conclusión

Llevar una idea a la acción requiere determinación, planificación y la disposición de aprender en el proceso. Al tomar pasos pequeños pero constantes, estarás construyendo un camino hacia el éxito. Recuerda: no importa cuán grande o pequeña sea tu idea, lo importante es empezar. ¡El mundo necesita lo que tú puedes ofrecer!

Diseña tu Plan de Negocio Creativo

Crear un plan de negocio no tiene por qué ser un proceso complicado o rígido. Un enfoque creativo te permite estructurar tus ideas, visualizar tus objetivos y trazar un camino para alcanzarlos, mientras aprovechas tu imaginación y recursos. En este capítulo, aprenderás cómo desarrollar un plan de negocio innovador que refleje tu genialidad.

1. Define tu visión y propósito

Tu negocio debe partir de una idea clara que inspire y motive. Responde estas preguntas:

- **¿Qué quieres lograr?**
  Describe el impacto que deseas tener en tu comunidad o mercado.

- **¿Por qué haces esto?**
  Define tus motivaciones, como mejorar la calidad de vida de tus clientes o desarrollar un talento personal.

Ejemplo: "Crear un negocio de postres saludables que inspire hábitos alimenticios más conscientes."

---

2. Describe tu producto o servicio

Sé específico sobre lo que ofreces y cómo destaca.

- **¿Qué estás vendiendo?**: Detalla el producto o servicio.
- **¿Qué lo hace único?**: Explica sus beneficios y por qué es diferente de la competencia.

Ejemplo: "Ofrezco repostería sin azúcar ni conservadores, hecha con ingredientes locales y empaques biodegradables."

---

3. Identifica tu público objetivo

Define quiénes son tus clientes ideales. Considera:

- **Edad, género, ubicación y nivel económico.**
- **Intereses, necesidades y problemas que buscan resolver.**
- Comportamiento de compra.

Ejemplo: "Madres jóvenes que buscan alternativas saludables para las meriendas de sus hijos."

---

4. Analiza el mercado y la competencia

Conoce tu entorno para identificar oportunidades y desafíos.

- **Tamaño del mercado:** ¿Qué tan grande es el grupo al que apuntas?
- **Tendencias:** ¿Qué está en auge en tu sector?
- **Competencia:** ¿Quién más ofrece algo similar y qué puedes hacer mejor?

Ejemplo: "En mi ciudad, hay pocas opciones de repostería saludable accesible; me enfocaré en precios competitivos."

5. Define tu propuesta de valor

Esta es la razón principal por la que los clientes deberían elegirte a ti. Responde:

- **¿Qué problema resuelves?**
- **¿Qué beneficio principal ofreces?**

Ejemplo: "Ofrezco una alternativa deliciosa y saludable para quienes desean cuidar su dieta sin sacrificar el sabor."

---

6. Crea un modelo de ingresos

Establece cómo ganarás dinero:

- **¿Cómo fijarás precios?**: Calcula costos, márgenes y precios competitivos.
- **¿Cómo venderás?**: Tienda física, en línea, redes sociales o suscripciones.
- **¿Habrá ingresos adicionales?**: Publicidad, colaboraciones o talleres.

Ejemplo: "Venderé cajas de postres a través de Instagram y ofreceré talleres de repostería saludable los fines de semana."

---

7. Diseña una estrategia de marketing creativa

Haz que tu negocio destaque con métodos originales:

- **Redes sociales:** Publica contenido llamativo, como recetas o testimonios.
- **Colaboraciones:** Trabaja con influencers locales o negocios complementarios.
- **Eventos y promociones:** Organiza degustaciones o descuentos iniciales.

Ejemplo: "Publicaré videos de cómo preparo mis postres, destacando los ingredientes locales."

---

8. Planifica tus recursos y presupuesto

Identifica lo que necesitas para comenzar y cuánto costará.

- **Recursos físicos:** Herramientas, materiales, espacio.
- **Recursos digitales:** Página web, aplicaciones, redes sociales.
- **Presupuesto inicial:** Define cuánto invertirás y en qué áreas.

Ejemplo:

- Horno: $5,000
- Ingredientes: $2,000
- Publicidad en redes: $500

---

9. Establece metas y cronogramas

Divide tu plan en etapas con plazos definidos:

- **A corto plazo:** ¿Qué harás en las primeras semanas o meses?
- **A mediano plazo:** ¿Cómo expandirás tu negocio?
- **A largo plazo:** ¿Dónde te gustaría estar en un año o más?

Ejemplo:

- Mes 1: Vender 50 postres.
- Mes 6: Lanzar una línea de postres veganos.
- Año 1: Abrir un local pequeño.

---

10. Mide y ajusta tu progreso

Revisa regularmente tus resultados para mejorar:

- **¿Qué funciona bien?**: Refuérzalo.
- **¿Qué necesita ajustes?**: Cambia tu enfoque según los comentarios y ventas.

Plantilla resumida del plan de negocio creativo

1. **Visión y propósito:** ¿Qué deseas lograr?
2. **Producto/servicio:** ¿Qué ofreces y qué lo hace único?
3. **Público objetivo:** ¿A quién te diriges?
4. **Mercado y competencia:** ¿Qué oportunidades existen?
5. **Propuesta de valor:** ¿Por qué deberían elegirte?
6. **Modelo de ingresos:** ¿Cómo generarás dinero?
7. **Estrategia de marketing:** ¿Cómo te promocionarás?
8. **Recursos y presupuesto:** ¿Qué necesitas para empezar?
9. **Metas y cronogramas:** ¿Qué pasos seguirás y cuándo?
10. **Evaluación:** ¿Cómo medirás el éxito y mejorarás?

Conclusión

Diseñar un plan de negocio creativo es el primer paso hacia convertir tu idea en una realidad sostenible. Al enfocarte en tu visión y ser estratégico con tus recursos, estarás preparado para enfrentar los desafíos y destacar en el mercado. ¡Manos a la obra!

Prueba y Mejora: El Ciclo de Retroalimentación

El éxito de cualquier idea o proyecto depende de la capacidad de adaptarse y evolucionar. Probar y mejorar mediante la retroalimentación es un proceso continuo que te permite ajustar tu producto o servicio para satisfacer mejor las necesidades de tus clientes y destacar en el mercado. Este capítulo te guiará en cómo implementar un ciclo de retroalimentación eficaz.

1. ¿Qué es el ciclo de retroalimentación?

Es un proceso sistemático en el que:

1. **Desarrollas una versión inicial de tu idea** (producto o servicio).
2. **La pruebas en el mercado o con un grupo objetivo.**
3. **Recibes retroalimentación** de los usuarios o clientes.
4. **Analizas los resultados** para identificar áreas de mejora.
5. **Realizas ajustes** y vuelves a probar.

Este ciclo se repite hasta que tu oferta esté optimizada para el mercado.

2. Beneficios del ciclo de retroalimentación

- **Mejora la calidad:** Ajustas aspectos que no funcionan según las necesidades reales de los clientes.
- **Minimiza riesgos:** Detectas problemas antes de escalar tu negocio.
- **Aumenta la satisfacción del cliente:** Ofreces una experiencia más alineada con sus expectativas.
- **Fomenta la innovación:** Generas ideas nuevas al interactuar con los usuarios.

3. Cómo implementar el ciclo de retroalimentación

3.1. Diseña un producto mínimo viable (MVP)

Un MVP es una versión simplificada de tu producto o servicio, lo suficiente para probar su funcionalidad y aceptación.
Ejemplo: Si quieres vender jabones artesanales, lanza una pequeña variedad inicial con diseños básicos antes de invertir en una línea completa.

3.2. Prueba con un grupo objetivo

Elige un segmento representativo de tu público objetivo para probar tu MVP.

- **Pruebas personales:** Amigos, familiares o vecinos.
- **Pruebas públicas:** Participa en bazares, eventos locales o ferias.
- **Pruebas digitales:** Promociona en redes sociales o plataformas como Etsy o Mercado Libre.

Tip: Ofrece incentivos para animar a las personas a probar tu producto, como descuentos o muestras gratis.

3.3. Solicita retroalimentación específica

Pide comentarios estructurados que te permitan identificar problemas y oportunidades.

- **Encuestas:** Usa herramientas como Google Forms o encuestas en redes sociales.
- **Preguntas directas:**
    - ¿Qué te gustó más?
    - ¿Qué mejorarías?
    - ¿Recomendarías este producto/servicio? ¿Por qué?
- **Observación:** Analiza cómo los clientes interactúan con tu producto.

3.4. Analiza la retroalimentación recibida

Clasifica las opiniones en categorías clave:

- **Aspectos positivos:** Identifica lo que más valoran los clientes para reforzarlo.
- **Aspectos negativos:** Encuentra puntos débiles o fallos en el producto.
- **Sugerencias adicionales:** Descubre ideas que no habías considerado.

Ejemplo: Si varios clientes mencionan que tu empaque es difícil de abrir, considera rediseñarlo para hacerlo más práctico.

3.5. Realiza ajustes y vuelve a probar

Implementa los cambios más relevantes según la retroalimentación y realiza una nueva prueba.

- **Prioriza:** Trabaja primero en las mejoras que impacten directamente la experiencia del cliente.
- **Sé gradual:** No intentes cambiar todo de golpe; prueba los ajustes por separado.

Ejemplo: Si tus jabones necesitan fragancias más intensas, lanza una nueva versión con aromas mejorados y compara las reacciones.

4. Ejemplo del ciclo de retroalimentación en acción

Caso de estudio: "Emprendimiento de comida casera saludable"

1. **MVP:** Inicia con 3 platillos básicos para entrega a domicilio.
2. **Prueba inicial:** Ofrece los platillos a 10 vecinos a precio promocional.
3. **Retroalimentación:**
    - Positivo: "El sabor es delicioso."
    - Negativo: "Las porciones son pequeñas para el precio."
    - Sugerencia: "Ofrecer opciones vegetarianas."
4. **Análisis:**
    - Mejora porciones para justificar el precio.
    - Introduce un platillo vegetariano en el menú.
5. **Ajustes y nueva prueba:** Relanzar el menú ajustado a una base más amplia de clientes.

Resultado: Aumento en ventas y mayor satisfacción del cliente.

5. Consejos para un ciclo de retroalimentación exitoso

- **Sé receptivo:** Agradece todas las opiniones, incluso las negativas, y úsalas como oportunidades de mejora.
- **Registra los datos:** Lleva un registro organizado de los comentarios recibidos y las mejoras realizadas.
- **Establece plazos:** Define un tiempo límite para probar y ajustar antes de escalar tu idea.
- **Mantente flexible:** Si una idea inicial no funciona, no temas pivotar hacia una nueva dirección.

6. Herramientas útiles para gestionar la retroalimentación

- **Encuestas:** Google Forms, Typeform.
- **Redes sociales:** Instagram Stories, encuestas en Facebook o Twitter.
- **Comentarios en vivo:** Reuniones presenciales o virtuales para escuchar a tus clientes.
- **Plataformas de análisis:** Google Analytics o estadísticas de redes sociales para medir el impacto de tus ajustes.

Conclusión

El ciclo de retroalimentación no es solo una técnica; es una mentalidad de mejora continua que impulsa la evolución de tus ideas y proyectos. Al implementar este proceso, estarás mejor preparado para responder a las necesidades del mercado, fortalecer la relación con tus clientes y garantizar que tu negocio sea sostenible y competitivo. ¡Recuerda, siempre hay espacio para mejorar!

Casos de Éxito para Inspirarte

A lo largo del tiempo, muchas personas han transformado ideas simples en proyectos exitosos gracias a su creatividad, perseverancia y capacidad para adaptarse. Aquí te presentamos historias reales que demuestran cómo el ingenio puede convertirse en una herramienta poderosa para superar desafíos económicos y construir algo extraordinario.

1. El vendedor de helados que transformó su comunidad

Caso: Años atrás, Antonio vivía en un pequeño pueblo con un clima cálido, pero no contaba con un ingreso estable. Observó que no había nadie vendiendo helados en su localidad y decidió empezar.
Estrategias clave:

- **Inició con un carrito modesto:** Lo decoró de manera atractiva para llamar la atención.
- **Escuchó a sus clientes:** Ofrecía sabores personalizados según las sugerencias del público.
- **Evolucionó hacia eventos especiales:** Proporcionaba helados en bodas y fiestas, ganándose una reputación como proveedor exclusivo.

Resultado: Antonio ahora cuenta con tres carritos de helados, emplea a otras personas de su comunidad y organiza talleres de elaboración de helados para niños en la escuela local.

2. De hobby a negocio rentable: las velas artesanales de Ana

Caso: Ana comenzó a fabricar velas como un pasatiempo para relajarse después del trabajo. Un día decidió vender algunas en un bazar navideño y notó que la demanda era alta.

Estrategias clave:

- **Diferenció su producto:** Ofrecía velas aromáticas con diseños únicos y personalizables.
- **Creó una marca emocional:** Asociaba cada vela con un mensaje inspirador para regalar.
- **Aprovechó las redes sociales:** Publicaba tutoriales y contenido relacionado con bienestar y decoración.

Resultado: Ana logró dejar su empleo para dedicarse a tiempo completo a su negocio, el cual exporta velas a otras ciudades y tiene una tienda en línea que genera ingresos constantes.

---

3. El chef que convirtió su cocina en una escuela virtual

Caso: Durante la pandemia, Javier, un chef sin empleo, utilizó sus habilidades para ofrecer clases de cocina en línea.

Estrategias clave:

- **Uso de plataformas gratuitas:** Comenzó con transmisiones en Facebook e Instagram.
- **Diseño de paquetes:** Ofrecía cursos temáticos como "Comida mexicana para principiantes" o "Cenas rápidas en 30 minutos".
- **Colaboraciones:** Trabajó con tiendas locales para ofrecer descuentos en utensilios y kits de ingredientes para sus estudiantes.

Resultado: Hoy, Javier tiene su propia plataforma de cursos en línea y trabaja con marcas reconocidas de utensilios de cocina, generando ingresos significativos.

---

4. La emprendedora de reciclaje creativo

Caso: Clara, una madre soltera, enfrentaba problemas económicos. Decidió usar materiales reciclados como botellas de plástico y cartón para crear muebles y decoraciones.

Estrategias clave:

- **Educación ambiental:** Vendía productos y ofrecía talleres sobre reciclaje.
- **Mercados locales:** Participaba en ferias ecológicas para darse a conocer.
- **Marketing de boca en boca:** Sus clientes satisfechos compartían fotos de sus productos en redes sociales.

Resultado: Clara ahora tiene un taller donde enseña a otros a emprender con reciclaje, promoviendo el cuidado del medio ambiente y generando empleo para otras mujeres de su comunidad.

5. El negocio de fotografía personalizada

Caso: Luis, un fotógrafo amateur, decidió convertir su afición en un negocio al darse cuenta de que muchas personas querían retratos familiares y fotos profesionales pero no podían pagar estudios caros.
Estrategias clave:

- **Precios accesibles:** Ofreció paquetes económicos para sesiones en exteriores.
- **Personalización:** Incluyó accesorios y temáticas personalizadas según los gustos de los clientes.
- **Redes sociales como vitrina:** Publicaba fotos de alta calidad en Instagram y ofrecía promociones a quienes lo etiquetaran.

Resultado: Luis ahora tiene un estudio propio, es fotógrafo de eventos y se especializa en fotografía de marca para pequeños negocios.

---

6. La abuela que transformó recetas familiares en un negocio viral

Caso: Doña Rosa, una abuela de 70 años, comenzó a vender tamales desde su casa para complementar su pensión. Sus tamales se volvieron famosos por el sabor y las técnicas tradicionales que usaba.
Estrategias clave:

- **Cultura e historia:** Cada tamal venía con una tarjeta que explicaba su origen y significado cultural.
- **Pedidos en línea:** Sus nietos crearon una página de Facebook para facilitar los pedidos.
- **Expansión local:** Comenzó a colaborar con cafeterías y eventos para ofrecer sus tamales como una opción gourmet.

Resultado: Doña Rosa se convirtió en un ícono local, y ahora su familia maneja un negocio próspero con la marca "Tamales de la Abuela".

---

7. El diseñador autodidacta que dominó las redes sociales

Caso: Mario, un joven apasionado por el diseño gráfico, aprendió por su cuenta a crear logotipos y editar videos. Empezó ofreciendo sus servicios en redes sociales.
Estrategias clave:

- **Portafolio en línea:** Usó Instagram y Behance para mostrar su trabajo.
- **Clientes internacionales:** Ofrecía precios competitivos en plataformas como Fiverr.
- **Constancia:** Publicaba contenido educativo, como tips de diseño y tutoriales.

Resultado: Mario ahora tiene su propio estudio de diseño, trabaja con marcas internacionales y brinda mentorías a jóvenes diseñadores.

Reflexiones clave

Estos casos tienen algo en común:

1. **Identificaron una oportunidad única:** Observaron necesidades o carencias en su entorno.
2. **Aprovecharon recursos disponibles:** Utilizaron lo que tenían a su alcance para empezar.
3. **Se adaptaron:** Escucharon a sus clientes y mejoraron constantemente.
4. **Mantuvieron la pasión:** Su motivación les permitió superar desafíos.

Tú también puedes ser parte de estas historias de éxito. La clave está en poner en marcha tus ideas, aprender en el camino y nunca dejar de mejorar. ¡Atrévete a comenzar!

Capítulo 4: Monetiza tu Genialidad

Tener ideas geniales es solo el comienzo; convertirlas en una fuente de ingresos es el siguiente paso crucial. Este capítulo te mostrará cómo transformar tus talentos, habilidades y creatividad en oportunidades rentables. Aprenderás estrategias prácticas para generar ingresos, construir una base de clientes leales y asegurar el crecimiento sostenible de tu emprendimiento.

1. Encuentra tu modelo de negocio ideal

Identificar cómo monetizar tu genialidad implica elegir el modelo de negocio que mejor se adapte a tus habilidades y al mercado.
Opciones comunes de monetización:

- **Venta directa:** Ofrece productos o servicios directamente a los clientes.
- **Suscripciones:** Crea contenido exclusivo o servicios que generen ingresos recurrentes.
- **Colaboraciones:** Asóciate con marcas o empresas que complementen tu oferta.
- **Enseñanza:** Comparte tu conocimiento a través de talleres, cursos o mentorías.

Ejemplo: Si eres bueno en manualidades, puedes vender productos en línea o enseñar a otros cómo hacerlos.

2. Estrategias de fijación de precios

Colocar un precio adecuado es esencial para equilibrar tus costos, el valor percibido y las expectativas del cliente.

Pasos para definir precios:

1. **Calcula tus costos:** Considera materiales, tiempo y gastos adicionales.
2. **Investiga el mercado:** Analiza lo que otros cobran por productos o servicios similares.
3. **Establece un margen de ganancia:** Define cuánto deseas ganar sobre tus costos.
4. **Valora lo único de tu oferta:** Si aportas algo especial, puedes justificar un precio más alto.

Ejemplo: Un pastel decorado a mano puede costar más que uno estándar, porque incluye creatividad y personalización.

3. Construye tu red de clientes

Tu éxito financiero dependerá en gran medida de tu capacidad para conectar con tu público objetivo y construir relaciones duraderas.

Tácticas para atraer clientes:

- **Redes sociales:** Crea contenido atractivo que destaque tu trabajo y habilidades.
- **Recomendaciones:** Solicita a tus clientes satisfechos que te refieran con otros.
- **Eventos locales:** Participa en ferias o bazares para mostrar tu oferta.
- **Plataformas digitales:** Usa sitios como Etsy, Mercado Libre o Fiverr para expandir tu alcance.

4. Genera múltiples fuentes de ingreso

Depender de una sola fuente puede ser riesgoso. Considera diversificar tus ingresos para garantizar estabilidad.

Ejemplo de diversificación:

- Si haces velas, vende kits de fabricación, da talleres y comercializa tus productos en línea.
- Si escribes, crea libros, brinda consultorías o vende contenido exclusivo en plataformas como Patreon.

5. Aprovecha el poder del marketing

El marketing efectivo te ayudará a llegar a más personas y a posicionarte como un experto en tu área.

Claves del marketing creativo:

- **Cuenta una historia:** Comparte cómo surgió tu idea y qué la hace especial.
- **Sé visual:** Publica fotos y videos atractivos de tus productos o servicios.
- **Ofertas promocionales:** Realiza descuentos, sorteos o paquetes especiales.
- **Interactúa con tu audiencia:** Responde preguntas, agradece comentarios y genera confianza.

6. Ejemplos de monetización creativa

- **Talento para escribir:** Ofrece servicios de redacción, vende libros electrónicos o escribe para blogs y empresas.
- **Habilidad en cocina:** Vende productos caseros, imparte talleres o comparte recetas exclusivas en línea.
- **Arte y diseño:** Crea ilustraciones para camisetas, logotipos o decoraciones personalizadas.
- **Conocimientos técnicos:** Brinda asesorías, desarrolla aplicaciones o repara dispositivos.

7. Consejos prácticos para monetizar con éxito

- **Empieza en pequeño:** No necesitas grandes inversiones; prueba tu idea y crece con el tiempo.
- **Crea una marca personal:** Define cómo quieres que la gente te perciba y mantén esa imagen en tus interacciones.
- **Invierte en formación:** Mejora tus habilidades para ofrecer un producto o servicio más competitivo.
- **Sé consistente:** La constancia es clave para ganar la confianza de tus clientes.

Conclusión

Monetizar tu genialidad no solo se trata de ganar dinero, sino de crear un impacto significativo en tu vida y en la de los demás. Aprovecha tu creatividad, identifica oportunidades y construye un negocio que refleje tu pasión y talento. Con dedicación y esfuerzo, podrás transformar tus ideas en una fuente de ingresos sostenible y satisfactoria. ¡Es momento de hacer que tu genialidad trabaje para ti!

Modelos de Ingresos que Funcionan

Para monetizar tus habilidades y genialidad, es fundamental elegir un modelo de ingresos que se adapte a tus objetivos, recursos y mercado. En esta sección exploraremos diferentes modelos probados que pueden ajustarse a tu propuesta, con ejemplos prácticos para implementarlos con éxito.

1. Venta Directa de Productos o Servicios

Este modelo es el más básico y efectivo. Implica ofrecer algo tangible o intangible directamente a los clientes.
Ejemplos:

- **Productos:** Venta de artesanías, alimentos, ropa, accesorios o gadgets personalizados.
- **Servicios:** Clases de música, asesorías, reparación de dispositivos o diseño gráfico.

Claves para el éxito:

- Ofrece algo único o con un valor agregado.
- Mantén una calidad constante en lo que ofreces.
- Encuentra canales accesibles para promocionar y vender (mercados locales o plataformas digitales).

2. Ingresos Recurrentes por Suscripción

Ideal para generar ingresos constantes ofreciendo acceso a productos, servicios o contenido exclusivo mediante pagos periódicos.
Ejemplos:

- **Plataformas de membresía:** Como Patreon para creadores de contenido.
- **Servicios continuos:** Clases virtuales, boletines informativos o planes de entrenamiento personalizado.
- **Cajas por suscripción:** Productos temáticos mensuales, como kits de cocina o cosméticos naturales.

Ventaja: Te asegura estabilidad financiera al mantener una base de clientes leales.

---

3. Freemium con Opciones Premium

Ofrece algo gratuito para atraer a los clientes, y cobra por características avanzadas o personalizadas.
Ejemplos:

- **Aplicaciones móviles:** Juegos o herramientas gratuitas con compras dentro de la app.
- **Cursos:** Lecciones introductorias gratuitas, cobrando por contenido avanzado o certificado.
- **Pruebas de producto:** Muestras gratuitas que inviten al cliente a comprar versiones completas.

Éxito garantizado si: Lo gratuito tiene calidad suficiente para interesar al cliente en la versión de pago.

---

4. Afiliación y Colaboraciones

Generas ingresos al recomendar productos o servicios de otras personas o marcas y recibir una comisión por cada venta realizada a través de ti.
Ejemplos:

- **Marketing de afiliados:** Promociona productos de Amazon, Hotmart u otras plataformas.
- **Colaboraciones locales:** Trabaja con negocios cercanos para recomendar servicios a cambio de una cuota.
- **Contenido patrocinado:** Si tienes presencia en redes, trabaja con marcas que deseen visibilidad.

Ventaja: Requiere poca o ninguna inversión inicial.

5. Venta de Conocimientos o Experiencias

Si tienes experiencia en algo, puedes convertirlo en un recurso valioso para otros.
Ejemplos:

- **Cursos online:** Enseña idiomas, habilidades técnicas o manualidades.
- **Libros electrónicos:** Crea guías prácticas o compila conocimientos específicos.
- **Eventos o talleres:** Organiza encuentros donde compartas tus habilidades.

Consejo: Usa plataformas como Udemy, Domestika o Canva para crear contenido accesible.

6. Publicidad y Monetización de Audiencia

Si tienes una comunidad sólida en redes sociales o plataformas digitales, puedes generar ingresos a través de publicidad.
Ejemplos:

- **YouTube o TikTok:** Monetización por vistas y colaboraciones con marcas.
- **Blogs o sitios web:** Ingresos por anuncios (Google AdSense) o colaboraciones pagadas.
- **Redes sociales:** Cobrar por publicaciones promocionadas.

Clave del éxito: Mantén el contenido auténtico para no perder la confianza de tu audiencia.

7. Economía Compartida y Alquiler

Puedes aprovechar activos que ya posees para generar ingresos pasivos mediante alquileres o intercambio de servicios.
Ejemplos:

- **Alquiler de bienes:** Herramientas, autos, espacios para eventos.
- **Economía colaborativa:** Plataformas como Airbnb o Turo para alojamientos y vehículos.

Beneficio: Rentabilizas lo que ya tienes sin necesidad de grandes inversiones.

8. Crowdfunding y Financiamiento Colectivo

Implica recaudar dinero de una comunidad para lanzar o mantener un proyecto, ofreciendo recompensas a cambio.
Ejemplos:

- **Kickstarter o Indiegogo:** Para proyectos creativos, tecnológicos o culturales.
- **Financiamiento comunitario:** Vecinos o interesados en apoyar ideas locales a cambio de productos o servicios futuros.

Consejo: Comunica claramente el impacto y beneficios de tu proyecto para motivar las aportaciones.

---

9. Diversificación de Fuentes de Ingreso

No te limites a un solo modelo. La combinación de varios te ayudará a reducir riesgos y maximizar ganancias.
Ejemplo:

- Un fotógrafo puede vender sesiones, dar talleres de fotografía y monetizar un canal de YouTube con consejos para principiantes.

Cómo Elegir el Mejor Modelo para Ti

1. **Evalúa tus recursos:** Tiempo, dinero, habilidades y equipo disponible.
2. **Conoce a tu público:** Qué necesitan, cuánto están dispuestos a pagar y dónde encontrarlos.
3. **Haz pruebas:** Empieza con una versión pequeña de tu modelo y adáptalo según los resultados.
4. **Asegura escalabilidad:** Escoge un modelo que pueda crecer con el tiempo.

Con el modelo adecuado y dedicación, podrás transformar tu genialidad en un ingreso constante que satisfaga tus necesidades económicas y te permita vivir de tu pasión. ¡El momento de comenzar es ahora!

Marketing y Promoción para Mentes Creativas

El marketing no es solo para grandes empresas, sino una herramienta esencial para cualquier persona que desee monetizar su creatividad. Este capítulo te ayudará a diseñar estrategias de promoción efectivas que reflejen tu autenticidad, conecten con tu público y potencien tu marca personal o negocio.

---

1. Construye una Marca Personal Auténtica

Tu marca personal es cómo te perciben los demás. Para destacar en el mercado, debes reflejar tus valores, habilidades y lo que te hace único.
Pasos clave:

- **Define tu identidad:** Pregúntate qué representas y qué emociones deseas evocar en tu audiencia.
- **Crea un mensaje claro:** Resume en una frase lo que ofreces y por qué deberían elegirte.
- **Elige un estilo visual:** Colores, tipografías y logotipos que comuniquen tu esencia.
- **Sé constante:** Mantén coherencia en tus publicaciones, respuestas y relaciones.

2. Conoce a tu Público Objetivo

No todos serán tus clientes ideales. Identificar quién necesita lo que ofreces es crucial para enfocar tus esfuerzos.
Cómo hacerlo:

- **Define un perfil de cliente:** Edad, intereses, ubicación, problemas y necesidades.
- **Realiza encuestas:** Pregunta directamente qué buscan, cuánto pagarían y dónde suelen comprar.
- **Observa tendencias:** Revisa foros, redes sociales o grupos en línea relacionados con tu área.

Consejo: Imagina que hablas con una persona específica al crear contenido o campañas.

3. Aprovecha las Redes Sociales

Las plataformas digitales son poderosas herramientas para promocionar tu creatividad.
Claves para tener éxito:

- **Instagram:** Ideal para mostrar productos visuales o proyectos artísticos. Usa historias y reels para atraer más miradas.
- **Facebook:** Crea una página profesional y participa en grupos relacionados con tu nicho.
- **TikTok:** Muestra procesos creativos, tutoriales o historias detrás de tu trabajo.
- **LinkedIn:** Para servicios profesionales y colaboraciones con empresas.

Consejo: Publica regularmente contenido que eduque, inspire o entretenga a tu audiencia.

4. Crea Contenido que Impacte

El contenido es el puente entre tu creatividad y tu público.
Tipos de contenido que funcionan:

- **Tutoriales:** Enseña a otros cómo hacer lo que tú dominas.
- **Historias personales:** Comparte tu experiencia, retos y logros.
- **Muestras de tu trabajo:** Publica imágenes, videos o testimonios que demuestren tu calidad.

- **Detrás de cámaras:** Permite que tu audiencia vea el proceso creativo.

Ejemplo: Si eres ilustrador, muestra un video rápido de cómo creas un dibujo desde cero.

5. Usa Estrategias de Promoción Creativas

Promocionar no siempre requiere grandes inversiones; a menudo, las ideas más creativas tienen el mayor impacto.
Ideas prácticas:

- **Colaboraciones:** Une fuerzas con otros creativos o negocios para llegar a nuevas audiencias.
- **Sorteos y concursos:** Ofrece un producto o servicio a cambio de interacciones (me gusta, comentarios, compartidos).
- **Marketing de boca en boca:** Anima a tus clientes satisfechos a recomendarte a sus conocidos.
- **Marketing de guerrilla:** Crea campañas llamativas, como arte en espacios públicos o intervenciones creativas.

6. Domina el Arte del Networking

Construir relaciones con personas afines puede abrirte puertas inesperadas.
Cómo hacerlo:

- **Participa en eventos locales:** Ferias, bazares o exposiciones son oportunidades para mostrar tu trabajo.
- **Asiste a talleres o seminarios:** Aprende y conoce a otros creativos con intereses similares.
- **Conecta en línea:** Únete a comunidades, foros o grupos de Facebook relacionados con tu área.

Consejo: Sé auténtico y ofrece valor antes de pedir algo a cambio.

7. Herramientas Digitales para Promocionarte

Existen plataformas y aplicaciones que pueden facilitar tu marketing.
Ejemplos:

- **Canva:** Diseña publicaciones, posters o tarjetas de presentación.
- **Mailchimp:** Envía correos masivos para mantener a tu audiencia informada.
- **Trello:** Organiza tus ideas y campañas de promoción.
- **Google Analytics:** Mide el impacto de tu sitio web o redes sociales.

8. Métricas que Importan

Mide tu éxito para ajustar tus estrategias.
Indicadores clave:

- **Interacciones:** Me gusta, comentarios y compartidos.
- **Alcance:** Cantidad de personas que ven tus publicaciones.
- **Conversiones:** Ventas o contactos generados a partir de tus campañas.
- **Fidelización:** Clientes recurrentes o seguidores comprometidos.

9. Supera los Retos de la Promoción

- **Falta de presupuesto:** Usa herramientas gratuitas y promociona en canales orgánicos.
- **Poca visibilidad:** Aumenta la frecuencia de tus publicaciones y colabora con personas influyentes.
- **Inseguridad:** Recuerda que cada experto comenzó como principiante. La práctica y el aprendizaje constante son clave.

Conclusión

El marketing para mentes creativas no es solo sobre vender, sino sobre conectar genuinamente con quienes valoran tu trabajo. Aprovecha las herramientas digitales, sé auténtico y no temas experimentar con nuevas estrategias. Tu creatividad ya es única; ahora, es hora de que el mundo la descubra. ¡Promociona con pasión y propósito!

Cómo Cobrar lo Justo por tus Ideas

El valor de tus ideas y creatividad puede ser difícil de calcular, pero aprender a cobrar lo justo es crucial para mantener la sostenibilidad de tu negocio o proyecto. Este capítulo te guiará en la valoración adecuada de tu trabajo, negociaciones exitosas y cómo comunicar claramente el valor que ofreces a tus clientes.

1. Entiende el Valor de tu Trabajo

Antes de fijar un precio, necesitas comprender el impacto de tus ideas y cómo estas resuelven problemas o mejoran la vida de tus clientes.
Considera lo siguiente:

- **Solución:** ¿Qué problema estás resolviendo?
- **Impacto:** ¿Qué tan importante es la solución para tu cliente?
- **Resultado:** ¿Qué beneficios tangibles o intangibles obtendrán?

Ejemplo: Si diseñas un logo, no estás vendiendo solo un diseño, sino la imagen de marca que representará a un negocio en el mercado.

2. Calcula tus Costos

Es esencial asegurarte de que los ingresos cubran todos los costos relacionados con tu trabajo, tanto directos como indirectos.
Incluye:

- Materiales o herramientas necesarias.
- Tiempo invertido (calcula cuánto vale tu hora de trabajo).
- Costos administrativos (transporte, internet, etc.).
- Imprevistos y margen de ganancia.

Fórmula básica para precios mínimos:
Costo total + (Costo total × Porcentaje de ganancia)

3. Evalúa el Mercado

Investiga cuánto cobran otros creativos en tu área o industria.
Qué observar:

- Tarifas promedio de competidores.
- Diferenciadores únicos que puedes ofrecer.
- Segmento de clientes: un cliente corporativo puede pagar más que un cliente individual.

Cuidado: No te subvalores para competir con precios bajos, ya que esto puede devaluar tu trabajo.

4. Define tu Estrategia de Precios

Existen diferentes enfoques para cobrar según tu objetivo y el tipo de proyecto:

- **Precio por hora:** Ideal para proyectos que requieren tiempo variable.
- **Precio por proyecto:** Funciona mejor cuando puedes estimar el alcance del trabajo.
- **Precio basado en valor:** Calcula el impacto económico que tendrá tu idea en el cliente y ajusta tu tarifa acorde.
- **Paquetes:** Ofrece opciones con diferentes niveles de servicio y precios.

Ejemplo:
Si eres fotógrafo, puedes ofrecer:

1. Sesión básica con 10 fotos editadas.
2. Sesión premium con 20 fotos, álbum impreso y edición avanzada.

5. Aprende a Comunicar tu Valor

El precio no se trata solo del producto o servicio, sino de lo que representas.
Cómo hacerlo:

- Explica los beneficios: "Mi servicio ahorrará tiempo y aumentará tus ventas".
- Resalta tu experiencia: "Cuento con X años en el campo y más de Y clientes satisfechos".
- Muestra resultados previos: Usa casos de éxito, testimonios o un portafolio sólido.

Tip: Cambia el enfoque de "esto cuesta tanto" a "esto vale tanto por los beneficios que obtendrás".

6. Prepárate para Negociar

Es posible que algunos clientes intenten bajar tus precios. Sé firme pero abierto al diálogo.
Estrategias para negociar:

- Ofrece opciones: "Podemos ajustar el alcance del proyecto para que se acomode a tu presupuesto".
- Da un valor adicional en lugar de descuentos: "Incluyo una sesión de asesoramiento sin costo extra".
- Explica tus razones: "El precio refleja el tiempo, calidad y experiencia que aporto".

Consejo: No trabajes gratis, a menos que sea una colaboración estratégica o beneficie tu portafolio.

7. Evita los Errores Comunes al Fijar Precios

- Cobrar muy poco por miedo a perder clientes.
- No considerar todos los costos asociados.
- No ajustar tus precios con el tiempo o al mejorar tus habilidades.
- Aceptar proyectos mal pagados que consumen demasiado tiempo.

Recuerda: Tu trabajo tiene valor, y cobrar lo justo ayuda a establecer credibilidad y respeto por lo que haces.

8. Haz que Paguen a Tiempo

La creatividad no debe ir de la mano con problemas para cobrar.
Recomendaciones:

- **Contrato por escrito:** Define claramente los términos de pago.
- **Depósito inicial:** Solicita un porcentaje del pago antes de comenzar.
- **Plazos definidos:** Establece fechas claras para entregas y pagos.
- **Métodos de pago fáciles:** Ofrece opciones como transferencias, PayPal o plataformas de cobro.

9. Ajusta tus Precios al Crecer

A medida que adquieras experiencia y construyas reputación, aumenta tus tarifas.
Cuándo subir tus precios:

- Si tienes una alta demanda.
- Si tus costos han incrementado.
- Si mejoras la calidad de tus servicios o productos.

Tip: Comunica estos ajustes con anticipación y destaca los beneficios adicionales que ofrecerás.

Conclusión

Cobrar lo justo por tus ideas es una mezcla de entender tu valor, comunicarlo efectivamente y ser estratégico con tus precios. No se trata solo de dinero, sino de establecer una relación de respeto con tus clientes y garantizar la sostenibilidad de tu creatividad como fuente de ingresos. Tu trabajo tiene impacto, y mereces ser compensado adecuadamente por ello.

Capítulo 5: Emprendimientos Creativos para Distintas Necesidades

En este capítulo exploraremos cómo las ideas creativas y las soluciones fuera de lo común pueden transformarse en negocios rentables que atiendan necesidades específicas. Cada comunidad, grupo o persona enfrenta desafíos únicos, y con un enfoque innovador, estos pueden convertirse en oportunidades de negocio.

1. Identifica tu necesidad y conviértela en una idea de negocio

- **Ejemplo 1: Eventos locales.** Si en tu comunidad hay una falta de entretenimiento o celebraciones bien organizadas, podrías iniciar un negocio de organización de eventos con un enfoque cultural o tradicional.
- **Ejemplo 2: Educación a medida.** Si detectas que muchos niños o jóvenes necesitan apoyo académico, podrías ofrecer tutorías creativas o actividades educativas complementarias.

2. Productos personalizados y hechos a mano

- **Artesanías locales.** Crea productos únicos que resalten las tradiciones y la identidad de tu comunidad.
- **Regalos personalizados.** Desde tazas con nombres hasta álbumes de fotos hechos a mano, este tipo de emprendimiento genera interés al apelar a las emociones.

3. Soluciones de bajo costo para necesidades cotidianas

- **Servicios móviles.** Reparación de electrodomésticos o servicios de belleza a domicilio pueden llenar un vacío para quienes no tienen acceso fácil a estos servicios.
- **Comida saludable económica.** Diseñar menús asequibles con ingredientes locales puede ser un éxito en áreas donde la comida rápida predomina.

4. Colaboraciones para mayor impacto

Unirse a otros emprendedores para crear soluciones integrales puede ser más eficiente y rentable. Por ejemplo:

- Un colectivo de costureras y diseñadores que produzcan ropa sostenible.
- Un grupo de agricultores que ofrezcan cajas de productos frescos directamente a los hogares.

5. Proyectos ecológicos como fuente de ingresos

Cada vez más personas están interesadas en opciones sostenibles:

- **Creación de productos reutilizables.** Bolsas, envases y accesorios que sustituyan plásticos de un solo uso.

- **Huertos urbanos.** Ofrecer talleres o kits para que otros aprendan a cultivar sus propios alimentos.

6. Piensa global, actúa local

Las herramientas digitales permiten que incluso el negocio más pequeño alcance una audiencia más grande:

- **Ventas en línea.** Usa redes sociales o plataformas de comercio electrónico para expandir tu alcance.
- **Contenido educativo.** Publica tutoriales, recetas, o guías en línea relacionadas con tu emprendimiento para atraer clientes interesados.

Ejercicio práctico:

1. Haz una lista de tres problemas en tu comunidad que puedan solucionarse con creatividad.
2. Genera al menos una idea para cada problema.
3. Evalúa cuál tiene mayor potencial de convertirse en negocio con los recursos que tienes.

Este capítulo te invita a pensar fuera de la caja. Recuerda que cualquier idea puede convertirse en un emprendimiento exitoso si está alineada con las necesidades reales de quienes la rodean.

Soluciones para Ingresos Inmediatos

En situaciones donde necesitas generar dinero rápido, es importante enfocarte en actividades que requieran poca inversión inicial y que aprovechen tus habilidades, recursos y contactos actuales. Aquí hay varias opciones que pueden ayudarte a obtener ingresos inmediatos:

1. Ofrece Servicios que Responden a Necesidades Urgentes

Ejemplos:

- **Limpieza y mantenimiento.** Ofrece limpieza de casas, oficinas, ventanas o patios. Estos servicios tienen una alta demanda y se pueden cobrar por hora.
- **Reparaciones rápidas.** Si tienes habilidades para arreglar aparatos, tuberías, o hacer reparaciones menores en el hogar, anúncialo en tu vecindario.
- **Transporte o envíos locales.** Si tienes un vehículo, ofrece transporte de personas o entrega de paquetes para empresas o individuos.

2. Vende lo que ya no necesitas

Revisa tu hogar para identificar cosas en buen estado que no usas:

- **Ropa y accesorios.** Las prendas en buen estado pueden venderse en bazares físicos o en línea.
- **Electrónicos y gadgets.** Aparatos electrónicos que ya no usas tienen buen mercado.
- **Muebles o decoración.** Si tienes muebles que no necesitas, podrías venderlos rápidamente en redes sociales locales o apps de compra-venta.

3. Cocina y Vende Comida Rápida

Los alimentos preparados tienen una alta rotación y bajo costo inicial:

- **Postres o antojos.** Galletas, pasteles, gelatinas, tamales, etc.
- **Comida casera.** Ofrece menús económicos por encargo a vecinos o personas que trabajen cerca.
- **Bebidas.** Jugos frescos, aguas frescas o café en lugares concurridos.

4. Ofrece Clases o Tutorías Express

Aprovecha tus habilidades para enseñar algo de manera rápida:

- **Idiomas.** Clases básicas de inglés, español u otro idioma.
- **Computación.** Ayuda a personas a entender cómo usar su computadora o celular.
- **Habilidades específicas.** Cocina, costura, maquillaje o cualquier habilidad que domines.

5. Realiza Trabajos por Encargo

Muchas personas necesitan ayuda con tareas que no tienen tiempo de hacer:

- **Cuidado de mascotas.** Paseo de perros o cuidado temporal.
- **Escritura o redacción.** Ofrece redactar documentos, llenar formularios o editar textos.
- **Mandados y compras.** Ayuda con compras urgentes o trámites.

6. Participa en Actividades que Pagan al Instante

- **Encuestas pagadas.** Algunas plataformas en línea ofrecen pagos por completar encuestas.
- **Ventas por catálogo.** Productos de uso diario como cosméticos, artículos de limpieza o alimentos pueden venderse rápido.
- **Trabajos temporales.** Busca empleos de corto plazo en plataformas locales o redes sociales.

7. Usa las Redes Sociales para Ofrecer Servicios

Crea una publicación atractiva en Facebook, Instagram o WhatsApp para anunciar tu servicio o producto. Asegúrate de:

- Mostrar fotos claras y reales.
- Ofrecer precios accesibles.
- Responder rápidamente a los mensajes.

8. Haz Trueques con Ganancia

Intercambia tus servicios o productos por algo que puedas vender más rápido o a mejor precio.

Consejo Rápido:

Comienza pequeño y actúa rápido. No te preocupes por tener todo perfecto; lo importante es empezar. Ofrecer un buen trato y ser constante te permitirá generar ingresos inmediatos mientras construyes confianza y reputación.

Proyectos a Largo Plazo con Alto Impacto

Los proyectos a largo plazo requieren tiempo, esfuerzo y planificación estratégica, pero su impacto puede ser significativo tanto en términos económicos como sociales. Estas ideas están diseñadas para generar beneficios sostenibles y transformar comunidades o mercados específicos.

1. Agricultura Sostenible y Producción de Alimentos

- **Huertos comunitarios.** Cultivar alimentos locales en terrenos compartidos para abastecer a comunidades y vender excedentes.
- **Producción de alimentos orgánicos.** Cultivar frutas, verduras o productos de origen animal sin químicos para satisfacer la creciente demanda de alimentos saludables.
- **Invernaderos y cultivos hidropónicos.** Métodos innovadores que permiten producir más en menos espacio.

Impacto: Proveer alimentos de calidad, generar empleos locales y contribuir a la seguridad alimentaria.

2. Energías Renovables a Nivel Local

- **Paneles solares comunitarios.** Implementar sistemas de energía solar en vecindarios para reducir costos de electricidad.
- **Sistemas de biogás.** Aprovechar desechos orgánicos para producir energía limpia.
- **Educación en energías limpias.** Enseñar a las comunidades sobre cómo usar y mantener estas tecnologías.

Impacto: Reducción de la dependencia de combustibles fósiles y ahorro económico.

3. Emprendimientos Sociales Educativos

- **Centros de capacitación técnica.** Crear espacios donde las personas aprendan oficios como carpintería, mecánica, costura o programación.
- **Programas de alfabetización digital.** Enseñar a usar herramientas tecnológicas a personas mayores o con acceso limitado a la educación.
- **Educación bilingüe.** Promover el aprendizaje de idiomas extranjeros como inglés o francés, para mejorar las oportunidades laborales.

Impacto: Empoderamiento de las personas a través de la educación, mejorando su capacidad de generar ingresos.

4. Construcción de Vivienda Accesible y Sostenible

- **Casas ecológicas.** Construir viviendas con materiales reciclados o de bajo impacto ambiental.

- **Proyectos de autoconstrucción.** Capacitar a las personas para construir sus propias casas con técnicas económicas y eficientes.
- **Renovación de espacios comunitarios.** Convertir terrenos baldíos en parques, áreas de juego o centros comunitarios.

Impacto: Mejora de la calidad de vida y reducción de los costos de vivienda.

5. Negocios Digitales y Tecnológicos

- **Plataformas locales de comercio.** Crear sitios web o apps que conecten a pequeños productores con compradores.
- **Cursos en línea.** Ofrecer capacitación en habilidades técnicas y profesionales desde cualquier lugar.
- **Automatización de servicios.** Desarrollar herramientas que optimicen procesos como entregas o reservas.

Impacto: Facilitar el acceso a productos, servicios y educación a través de la tecnología.

6. Reforestación y Conservación Ambiental

- **Plantación de árboles nativos.** Restaurar ecosistemas degradados y mejorar el clima local.
- **Proyectos de reciclaje.** Crear cooperativas que transformen residuos en productos útiles, como ladrillos de plástico reciclado.
- **Educación ambiental.** Programas para enseñar prácticas sostenibles en escuelas y comunidades.

Impacto: Restauración del medio ambiente, mejora de la salud comunitaria y creación de empleos verdes.

7. Economía Circular y Cero Residuos

- **Reutilización y reparación.** Talleres que arreglen ropa, electrodomésticos o muebles para darles una segunda vida.
- **Producción de compost.** Aprovechar residuos orgánicos para producir fertilizantes naturales.
- **Creación de productos reciclados.** Transformar desechos en nuevos artículos, como bolsas, zapatos o muebles.

Impacto: Reducción de basura, ahorro de recursos y creación de ingresos sostenibles.

8. Cooperativas y Fondos de Ahorro Comunitarios

- **Cajas de ahorro.** Establecer sistemas donde las comunidades puedan guardar dinero y acceder a préstamos pequeños.
- **Proyectos de inversión conjunta.** Grupos que inviertan en negocios colectivos como tiendas de barrio o transporte.
- **Fondos rotativos.** Dinero que los miembros usen para iniciar negocios y devolverlo para que otros lo utilicen.

Impacto: Inclusión financiera y fortalecimiento de economías locales.

9. Turismo Responsable y Cultural

- **Ecoturismo.** Organizar experiencias en áreas naturales con guías locales.
- **Promoción de tradiciones.** Ofrecer talleres o tours enfocados en la cultura y artesanías locales.
- **Hospedaje rural.** Casas o cabañas que brinden una experiencia auténtica para turistas.

Impacto: Preservación cultural y generación de empleos en áreas rurales.

10. Innovaciones en Salud y Bienestar

- **Clínicas móviles.** Servicios médicos básicos que lleguen a comunidades remotas.
- **Centros de bienestar.** Lugares accesibles que ofrezcan terapias alternativas, ejercicio o salud mental.
- **Farmacias comunitarias.** Acceso a medicamentos genéricos a precios justos.

Impacto: Mejorar el acceso a la salud y el bienestar general de la población.

Consejo Final:
Un proyecto de alto impacto necesita visión, paciencia y colaboración. Trabaja en red con otros emprendedores, busca apoyo de organizaciones o gobiernos y mide constantemente los resultados para adaptarte y crecer.

Proyectos a Largo Plazo con Alto Impacto

Los proyectos a largo plazo requieren tiempo, esfuerzo y planificación estratégica, pero su impacto puede ser significativo tanto en términos económicos como sociales. Estas ideas están diseñadas para generar beneficios sostenibles y transformar comunidades o mercados específicos.

1. Agricultura Sostenible y Producción de Alimentos

- **Huertos comunitarios.** Cultivar alimentos locales en terrenos compartidos para abastecer a comunidades y vender excedentes.
- **Producción de alimentos orgánicos.** Cultivar frutas, verduras o productos de origen animal sin químicos para satisfacer la creciente demanda de alimentos saludables.
- **Invernaderos y cultivos hidropónicos.** Métodos innovadores que permiten producir más en menos espacio.

Impacto: Proveer alimentos de calidad, generar empleos locales y contribuir a la seguridad alimentaria.

2. Energías Renovables a Nivel Local

- **Paneles solares comunitarios.** Implementar sistemas de energía solar en vecindarios para reducir costos de electricidad.
- **Sistemas de biogás.** Aprovechar desechos orgánicos para producir energía limpia.
- **Educación en energías limpias.** Enseñar a las comunidades sobre cómo usar y mantener estas tecnologías.

Impacto: Reducción de la dependencia de combustibles fósiles y ahorro económico.

3. Emprendimientos Sociales Educativos

- **Centros de capacitación técnica.** Crear espacios donde las personas aprendan oficios como carpintería, mecánica, costura o programación.
- **Programas de alfabetización digital.** Enseñar a usar herramientas tecnológicas a personas mayores o con acceso limitado a la educación.
- **Educación bilingüe.** Promover el aprendizaje de idiomas extranjeros como inglés o francés, para mejorar las oportunidades laborales.

Impacto: Empoderamiento de las personas a través de la educación, mejorando su capacidad de generar ingresos.

4. Construcción de Vivienda Accesible y Sostenible

- **Casas ecológicas.** Construir viviendas con materiales reciclados o de bajo impacto ambiental.
- **Proyectos de autoconstrucción.** Capacitar a las personas para construir sus propias casas con técnicas económicas y eficientes.
- **Renovación de espacios comunitarios.** Convertir terrenos baldíos en parques, áreas de juego o centros comunitarios.

Impacto: Mejora de la calidad de vida y reducción de los costos de vivienda.

5. Negocios Digitales y Tecnológicos

- **Plataformas locales de comercio.** Crear sitios web o apps que conecten a pequeños productores con compradores.
- **Cursos en línea.** Ofrecer capacitación en habilidades técnicas y profesionales desde cualquier lugar.
- **Automatización de servicios.** Desarrollar herramientas que optimicen procesos como entregas o reservas.

Impacto: Facilitar el acceso a productos, servicios y educación a través de la tecnología.

6. Reforestación y Conservación Ambiental

- **Plantación de árboles nativos.** Restaurar ecosistemas degradados y mejorar el clima local.
- **Proyectos de reciclaje.** Crear cooperativas que transformen residuos en productos útiles, como ladrillos de plástico reciclado.
- **Educación ambiental.** Programas para enseñar prácticas sostenibles en escuelas y comunidades.

Impacto: Restauración del medio ambiente, mejora de la salud comunitaria y creación de empleos verdes.

7. Economía Circular y Cero Residuos

- **Reutilización y reparación.** Talleres que arreglen ropa, electrodomésticos o muebles para darles una segunda vida.
- **Producción de compost.** Aprovechar residuos orgánicos para producir fertilizantes naturales.
- **Creación de productos reciclados.** Transformar desechos en nuevos artículos, como bolsas, zapatos o muebles.

Impacto: Reducción de basura, ahorro de recursos y creación de ingresos sostenibles.

8. Cooperativas y Fondos de Ahorro Comunitarios

- **Cajas de ahorro.** Establecer sistemas donde las comunidades puedan guardar dinero y acceder a préstamos pequeños.
- **Proyectos de inversión conjunta.** Grupos que inviertan en negocios colectivos como tiendas de barrio o transporte.
- **Fondos rotativos.** Dinero que los miembros usen para iniciar negocios y devolverlo para que otros lo utilicen.

Impacto: Inclusión financiera y fortalecimiento de economías locales.

9. Turismo Responsable y Cultural

- **Ecoturismo.** Organizar experiencias en áreas naturales con guías locales.
- **Promoción de tradiciones.** Ofrecer talleres o tours enfocados en la cultura y artesanías locales.
- **Hospedaje rural.** Casas o cabañas que brinden una experiencia auténtica para turistas.

Impacto: Preservación cultural y generación de empleos en áreas rurales.

10. Innovaciones en Salud y Bienestar

- **Clínicas móviles.** Servicios médicos básicos que lleguen a comunidades remotas.
- **Centros de bienestar.** Lugares accesibles que ofrezcan terapias alternativas, ejercicio o salud mental.
- **Farmacias comunitarias.** Acceso a medicamentos genéricos a precios justos.

Impacto: Mejorar el acceso a la salud y el bienestar general de la población.

Consejo Final:
Un proyecto de alto impacto necesita visión, paciencia y colaboración. Trabaja en red con otros emprendedores, busca apoyo de organizaciones o gobiernos y mide constantemente los resultados para adaptarte y crecer.

Ideas para Comunidades Colaborativas

El enfoque colaborativo permite a las comunidades trabajar juntas para resolver problemas comunes, fortalecer lazos sociales y generar beneficios compartidos. Aquí te presento ideas que fomentan la cooperación y el crecimiento colectivo:

1. Huertos Urbanos Comunitarios

- **Descripción:** Espacios donde los vecinos cultiven frutas, verduras y hierbas juntos.
- **Beneficios:** Fomenta la autosuficiencia alimentaria, mejora la salud al consumir productos frescos y fortalece el sentido de pertenencia.
- **Paso inicial:** Identificar un terreno disponible y formar un grupo de interesados.

2. Redes de Trueque y Economía Solidaria

- **Descripción:** Intercambio de bienes, servicios o habilidades sin dinero de por medio.
- **Ejemplos:** Clases de idiomas a cambio de productos, reparación de electrodomésticos por alimentos.
- **Beneficios:** Reduce costos, promueve la diversidad de habilidades y crea conexiones locales.
- **Paso inicial:** Organizar reuniones para identificar las necesidades y ofertas de la comunidad.

3. Cooperativas de Producción o Consumo

- **Descripción:** Grupos que se asocian para producir bienes o servicios o para comprar productos en volumen y obtener mejores precios.

- **Ejemplos:** Cooperativas de costura, producción de alimentos, o compras de alimentos básicos a precios mayoristas.
- **Beneficios:** Generación de empleo local, acceso a productos de calidad y a precios justos.
- **Paso inicial:** Crear un plan de negocio sencillo y buscar socios comprometidos.

4. Banco del Tiempo

- **Descripción:** Un sistema donde las personas intercambian horas de trabajo en lugar de dinero.
- **Ejemplo:** Una hora de clases de música puede canjearse por una hora de ayuda en jardinería.
- **Beneficios:** Valora el tiempo y habilidades de todos por igual y fomenta el apoyo mutuo.
- **Paso inicial:** Establecer una plataforma simple para registrar las horas ofrecidas y usadas.

5. Centros Comunitarios Autosostenibles

- **Descripción:** Espacios para actividades como talleres, reuniones, clases o eventos, financiados con aportaciones voluntarias o actividades generadoras de ingresos.
- **Ejemplos:** Talleres de carpintería, espacios de coworking, clases de arte o idiomas.
- **Beneficios:** Proporciona un lugar para aprender, convivir y emprender.
- **Paso inicial:** Identificar un lugar disponible y diseñar un plan de actividades.

6. Proyectos de Energía Compartida

- **Descripción:** Instalación de paneles solares o sistemas de energía renovable en conjunto para abastecer a varias familias.
- **Beneficios:** Reduce costos de electricidad, promueve la sostenibilidad y mejora la infraestructura comunitaria.
- **Paso inicial:** Buscar subsidios o financiamiento colectivo para instalar los sistemas.

7. Mercados Comunitarios o Ferias Locales

- **Descripción:** Espacios donde productores, artesanos y emprendedores locales vendan sus productos directamente.

- **Beneficios:** Estimula la economía local, ofrece productos frescos y fomenta la interacción social.
- **Paso inicial:** Organizar un mercado mensual o semanal con participación abierta.

8. Redes de Cuidado y Apoyo Mutuo

- **Descripción:** Grupos que se turnen para cuidar niños, adultos mayores o mascotas.
- **Ejemplo:** Vecinos se organizan para cuidar a los hijos de los demás durante el trabajo.
- **Beneficios:** Reduce costos y mejora la calidad de vida de los participantes.
- **Paso inicial:** Crear una lista de voluntarios y definir roles y horarios.

9. Educación Comunitaria Colaborativa

- **Descripción:** Programas educativos gestionados por la comunidad, donde los miembros compartan conocimientos y habilidades.
- **Ejemplos:** Clases de idiomas, alfabetización, talleres de oficios o programas para jóvenes.
- **Beneficios:** Incrementa las oportunidades de aprendizaje y fortalece los lazos comunitarios.
- **Paso inicial:** Identificar expertos en la comunidad y organizar los talleres.

10. Proyectos de Reforestación y Conservación Ambiental

- **Descripción:** Iniciativas para plantar árboles, limpiar áreas verdes o crear espacios recreativos.
- **Beneficios:** Mejora el medio ambiente, embellece el entorno y fomenta la conciencia ecológica.
- **Paso inicial:** Organizar jornadas de limpieza o plantación y buscar apoyo de instituciones ambientales.

11. Grupos de Compra Colectiva

- **Descripción:** Vecinos que se asocian para comprar productos a granel, como alimentos, materiales de construcción o medicinas.
- **Beneficios:** Ahorro de costos, acceso a productos de mejor calidad y creación de redes de confianza.

- **Paso inicial:** Formar un grupo, negociar con proveedores y establecer un calendario de compras.

12. Fondos Rotativos y Grupos de Ahorro

- **Descripción:** Crear un fondo común donde los participantes aporten dinero regularmente y puedan solicitar préstamos a bajo interés.
- **Beneficios:** Facilita el acceso a recursos financieros sin depender de bancos.
- **Paso inicial:** Establecer reglas claras y transparentes para el uso del fondo.

Consejo Final:
El éxito de una comunidad colaborativa radica en la confianza, la comunicación y la organización. Empieza con un proyecto pequeño, mide su impacto y escala con base en las necesidades y la participación de los integrantes.

Capítulo 6: Desarrolla tu Resiliencia Económica

La resiliencia económica es la capacidad de adaptarte, recuperarte y prosperar ante desafíos financieros. Esto no solo implica ahorrar o ganar más dinero, sino también construir una mentalidad y estrategias que te permitan mantenerte firme en momentos difíciles. Este capítulo explora formas prácticas y psicológicas para desarrollar esta habilidad clave.

1. Fortalece tus Bases Financieras

- **Construye un fondo de emergencia.** Destina una parte de tus ingresos a un ahorro específico para imprevistos, idealmente equivalente a 3-6 meses de tus gastos básicos.
- **Reduce deudas innecesarias.** Prioriza pagar deudas con altos intereses, como tarjetas de crédito.
- **Diversifica tus ingresos.** No dependas de una sola fuente de dinero; busca trabajos secundarios o emprendimientos pequeños.

Ejemplo práctico: Si tienes un empleo fijo, complementa tus ingresos ofreciendo servicios freelance o vendiendo productos que no uses.

2. Aprende a Administrar con lo que Tienes

- **Adopta el minimalismo financiero.** Enfócate en comprar lo esencial y reduce gastos superfluos.
- **Crea un presupuesto realista.** Usa herramientas digitales o un cuaderno para registrar tus ingresos y egresos.
- **Automatiza tus ahorros.** Configura transferencias automáticas a tu cuenta de ahorro tan pronto recibas tu sueldo.

Consejo práctico: Utiliza la regla del 50/30/20: 50% para necesidades, 30% para deseos, 20% para ahorro o pago de deudas.

3. Invierte en tu Desarrollo Personal

- **Mejora tus habilidades.** Aprende nuevas competencias relacionadas con tu campo laboral o en áreas con alta demanda, como tecnología o idiomas.
- **Fomenta una mentalidad de crecimiento.** Ve los desafíos como oportunidades para aprender, no como fracasos.
- **Participa en redes de apoyo.** Rodearte de personas con objetivos similares puede inspirarte y brindarte nuevas ideas.

Acción inmediata: Toma un curso gratuito en línea para desarrollar una habilidad práctica que puedas monetizar rápidamente.

4. Desarrolla Ingresos Pasivos

- **Inversiones inteligentes.** Invierte en proyectos o instrumentos financieros que generen ingresos sin necesidad de tu intervención constante, como fondos indexados o inmuebles.
- **Crea contenido digital.** Videos, blogs o ebooks que generen ingresos residuales.
- **Productos de suscripción.** Ofrece servicios o productos recurrentes, como boletines exclusivos o clases en línea.

Ejemplo: Escribe un libro electrónico sobre un tema que domines y véndelo en plataformas digitales.

5. Aprende a Adaptarte Rápidamente

- **Mantente informado.** Conoce las tendencias económicas y laborales para anticiparte a cambios.
- **Evalúa y ajusta regularmente.** Revisa tus metas financieras cada 3-6 meses y ajusta tu estrategia según las circunstancias.

- **Sé flexible.** No tengas miedo de cambiar de trabajo, negocio o enfoque si las circunstancias lo requieren.

Consejo: Usa la regla del 10%: siempre destina un 10% de tus ingresos a invertir en nuevas oportunidades.

---

6. Conecta con tu Comunidad

- **Crea redes colaborativas.** Trabaja con vecinos, familiares o amigos para compartir recursos o ideas.
- **Participa en cooperativas.** Únete a grupos que generen beneficios mutuos, como compras colectivas o fondos de ahorro rotativos.
- **Involúcrate en proyectos sociales.** Ayudar a los demás puede abrirte puertas y oportunidades inesperadas.

Ejemplo: Organiza un mercado local donde las personas puedan vender e intercambiar productos.

---

7. Fomenta una Mentalidad Resiliente

- **Acepta el cambio.** Reconoce que las dificultades son inevitables, pero temporales.
- **Practica la gratitud.** Enfócate en lo que tienes y no en lo que te falta. Esto mejora tu bienestar emocional y tu toma de decisiones.
- **Celebra pequeños logros.** Cada paso hacia la estabilidad económica es un avance importante.

Ejemplo: Si lograste ahorrar por primera vez, date un pequeño gusto que no afecte tu presupuesto.

---

8. Usa la Tecnología a tu Favor

- **Aplicaciones de finanzas.** Usa apps para controlar tu presupuesto, ahorrar automáticamente o invertir pequeñas cantidades.
- **Plataformas de aprendizaje.** Accede a cursos en línea para adquirir habilidades demandadas.
- **Comunidades digitales.** Participa en foros o grupos donde se compartan ideas de ahorro, inversión y generación de ingresos.

Consejo práctico: Descarga una app gratuita de gestión financiera y empieza a registrar tus gastos hoy mismo.

9. Genera Resiliencia Comunitaria

- **Proyectos compartidos.** Inicia con vecinos iniciativas como huertos, mercados locales o grupos de ahorro.
- **Educación financiera comunitaria.** Comparte lo que aprendas sobre ahorro e inversión con otros.
- **Ayuda mutua.** Apoya a quienes atraviesen una crisis y recibe apoyo cuando lo necesites.

Impacto: Una comunidad resiliente fortalece a cada uno de sus miembros y brinda un sistema de soporte en tiempos difíciles.

Conclusión:
Desarrollar resiliencia económica es un proceso continuo que implica tanto estrategias financieras como una mentalidad adaptable. Al implementar estas prácticas, no solo podrás enfrentar imprevistos con confianza, sino que también estarás construyendo una base sólida para alcanzar tus metas a largo plazo.

Diversificar Fuentes de Ingresos

Diversificar ingresos significa generar dinero desde múltiples canales, reduciendo la dependencia de una sola fuente. Esto no solo brinda estabilidad económica, sino que también aumenta las oportunidades de crecimiento financiero a largo plazo. A continuación, te presento estrategias prácticas para lograrlo:

1. Empleos Secundarios (Side Hustles)

- **Descripción:** Realizar trabajos adicionales fuera de tu empleo principal.
- **Ejemplos:**
    - Conducir para servicios de transporte como Uber o DiDi.
    - Trabajos freelance en diseño gráfico, redacción o programación.
    - Vender fotografías en plataformas como Shutterstock.
- **Beneficio:** Generas ingresos adicionales sin comprometer tu trabajo principal.

2. Emprendimientos Locales

- **Descripción:** Ofrecer productos o servicios a tu comunidad.
- **Ejemplos:**

- o Venta de alimentos caseros, como gelatinas o postres.
- o Servicios de reparación o mantenimiento.
- o Organización de talleres o clases sobre habilidades específicas.
- **Beneficio:** Accedes a un mercado cercano con menores costos iniciales.

3. Venta de Productos Físicos o Digitales

- **Descripción:** Comercializar artículos, ya sea fabricados por ti o adquiridos para reventa.
- **Ejemplos:**
  - o Productos físicos: ropa, accesorios, artículos de segunda mano.
  - o Productos digitales: ebooks, plantillas de diseño, cursos en línea.
- **Beneficio:** Puedes vender de manera continua y automatizada a través de plataformas como Mercado Libre, Etsy o Amazon.

4. Alquiler de Propiedades o Recursos

- **Descripción:** Rentar bienes que poseas y que no utilices regularmente.
- **Ejemplos:**
  - o Alquiler de una habitación en tu casa.
  - o Rentar herramientas, equipo de fotografía o vehículos.
  - o Espacios de almacenamiento o terrenos para eventos.
- **Beneficio:** Generas ingresos recurrentes con activos que ya tienes.

5. Inversiones Financieras

- **Descripción:** Hacer que tu dinero trabaje por ti.
- **Ejemplos:**
  - o Inversiones en fondos indexados o acciones.
  - o Comprar y mantener criptomonedas con cuidado.
  - o Participar en plataformas de crowdfunding.
- **Beneficio:** Generas ingresos pasivos a largo plazo con un esfuerzo inicial.

6. Creación de Contenido y Monetización en Línea

- **Descripción:** Producir contenido valioso para audiencias específicas.
- **Ejemplos:**
    - Canales de YouTube con temas educativos o de entretenimiento.
    - Blogs con artículos optimizados para generar ingresos por publicidad.
    - Podcasts financiados por patrocinadores.
- **Beneficio:** Potencial de ingresos residuales con contenido que creas una sola vez.

7. Consultoría y Servicios Profesionales

- **Descripción:** Ofrecer asesorías o servicios basados en tu experiencia.
- **Ejemplos:**
    - Consultoría empresarial o financiera.
    - Servicios de coaching personal o profesional.
    - Mentoría en habilidades específicas como diseño, ventas o idiomas.
- **Beneficio:** Aprovechas tus conocimientos para generar ingresos adicionales.

8. Negocios por Suscripción

- **Descripción:** Ofrecer productos o servicios por los que los clientes paguen de manera recurrente.
- **Ejemplos:**
    - Cajas sorpresa con productos temáticos.
    - Acceso a contenido exclusivo en plataformas como Patreon.
    - Servicios de mantenimiento o cuidado, como limpieza regular o cuidado de mascotas.
- **Beneficio:** Ingresos predecibles y recurrentes.

9. Participación en la Economía Colaborativa

- **Descripción:** Unirte a plataformas que conectan personas para realizar actividades específicas.
- **Ejemplos:**
    - Airbnb para rentar espacio en tu hogar.
    - TaskRabbit para ofrecer servicios de bricolaje o mudanza.
    - Delivery en plataformas como Rappi.
- **Beneficio:** Flexibilidad para trabajar según tu tiempo disponible.

10. Franquicias o Modelos de Negocio Probados

- **Descripción:** Comprar una franquicia o replicar un modelo de negocio ya establecido.
- **Ejemplo:**
    - Franquicias pequeñas de alimentos o servicios.
    - Representación de marcas de cosméticos o suplementos.
- **Beneficio:** Minimiza riesgos al trabajar con un concepto probado.

Consejos para Implementar la Diversificación

1. **Evalúa tus habilidades e intereses:** Escoge opciones que te motiven y en las que tengas experiencia.
2. **Empieza poco a poco:** No intentes gestionar muchas fuentes al mismo tiempo; inicia con una o dos y ve escalando.
3. **Usa herramientas digitales:** Aprovecha aplicaciones y plataformas que faciliten la gestión de tus ingresos.
4. **Invierte en educación:** Aprende sobre los mercados donde planeas incursionar para minimizar errores.

Conclusión:
Diversificar tus ingresos no solo mejora tu estabilidad financiera, sino que también abre posibilidades de crecimiento personal y profesional. Al tener múltiples fuentes de dinero, reduces el riesgo de quedar vulnerable ante imprevistos económicos y amplías tus oportunidades de éxito. ¡Empieza hoy!

El Valor de Aprender de los Errores

En la vida y en los negocios, los errores son inevitables. Pero más allá del sentimiento inicial de frustración, cada equivocación tiene el potencial de convertirse en una valiosa lección. Aprender de los errores no solo mejora nuestras habilidades, sino que también fortalece nuestra resiliencia y nos acerca al éxito.

---

1. Cambia la Perspectiva sobre los Errores

- **Los errores no son fracasos, son oportunidades.** Cada equivocación es una forma de aprendizaje en acción.
- **Elimina la culpa innecesaria.** En lugar de castigarte, pregúntate: *¿Qué puedo aprender de esto?*

- **Acepta que equivocarse es parte del crecimiento.** Ningún emprendedor o profesional exitoso lo ha logrado sin tropezar antes.

Ejemplo: Thomas Edison falló más de 1,000 veces antes de inventar la bombilla eléctrica. Para él, esos intentos fallidos eran pasos necesarios para el éxito.

---

2. Los Beneficios de Cometer Errores

- **Desarrollo personal:** Te ayuda a conocerte mejor y a identificar tus fortalezas y áreas de mejora.
- **Resiliencia:** Cada error superado te hace más fuerte para enfrentar desafíos futuros.
- **Innovación:** Los errores a menudo llevan a soluciones inesperadas y creativas.
- **Confianza:** Aprender de los errores refuerza tu seguridad para intentarlo de nuevo.

Ejemplo práctico: Si un negocio no funciona como esperabas, ese error te brinda información clave sobre lo que debes ajustar para el siguiente intento.

---

3. Cómo Aprender de los Errores

1. **Reconoce el error.** Acepta lo que salió mal sin justificarlo ni culpar a otros.
2. **Analiza las causas.** Pregúntate: *¿Qué decisión o acción llevó a este resultado?*
3. **Busca soluciones.** Piensa en formas de evitar el mismo error en el futuro.
4. **Toma acción.** Implementa cambios y aplica lo que aprendiste.
5. **Perdónate.** Entiende que cometer errores es humano y no define tu valía.

Consejo: Lleva un diario de aprendizaje donde registres tus errores y las lecciones obtenidas.

---

4. Los Errores como Parte del Proceso de Éxito

Muchos grandes logros están construidos sobre un historial de equivocaciones. Las personas exitosas entienden que cada error es un paso más hacia su meta.

- **Ejemplo 1:** Steve Jobs fue despedido de Apple, la empresa que él mismo fundó. Sin embargo, este evento lo llevó a crear nuevos proyectos innovadores y regresar a Apple más fuerte que nunca.
- **Ejemplo 2:** Walt Disney fue rechazado varias veces antes de crear su imperio de entretenimiento.

5. Crea un Ambiente que Fomente el Aprendizaje

- **Sé abierto a la retroalimentación.** Escucha lo que otros tienen que decir sobre tus decisiones y errores.
- **Fomenta la experimentación.** No temas probar cosas nuevas, incluso si existe el riesgo de equivocarte.
- **Comparte tus errores.** Hablar sobre ellos con otros no solo te libera de presión, sino que también ayuda a quienes puedan enfrentar situaciones similares.

Ejemplo en comunidades: En un grupo colaborativo, compartir errores permite que todos aprendan y eviten cometer las mismas equivocaciones.

---

6. Transforma los Errores en Sabiduría

- **Errores en los negocios:** Una mala decisión de inversión te enseña a investigar más antes de comprometer dinero.
- **Errores en relaciones:** Un malentendido con un cliente te muestra la importancia de la comunicación clara.
- **Errores personales:** Descubrir que procrastinaste un proyecto importante te enseña a organizar mejor tu tiempo.

Acción práctica: Cada vez que cometas un error, escribe una breve lección que aprendiste. Con el tiempo, tendrás un manual personal de estrategias para el éxito.

---

7. Evita el Temor Paralizante a los Errores

- **Acepta que no puedes controlar todo.** Lo importante no es evitar todos los errores, sino aprender a manejar sus consecuencias.
- **Enfócate en la acción.** El miedo al error a menudo conduce a la inacción, lo cual también es un error.
- **Celebra el esfuerzo.** Aunque el resultado no sea el esperado, reconoce tu valentía por intentarlo.

Frase motivadora: "El único error real es no intentarlo."

Conclusión

Los errores no son el fin del camino, sino parte integral del viaje hacia el éxito. Aprende a verlos como maestros y no como enemigos. Al abrazar tus equivocaciones, construirás una vida más rica en aprendizaje, crecimiento y logros. Recuerda: cada tropiezo te acerca un paso más a tu meta.

Capítulo 7: Tu Genialidad como Herramienta de Cambio

Todos poseemos un talento único, una habilidad especial o una forma de pensar que nos distingue de los demás. Esa "genialidad" puede convertirse en una poderosa herramienta no solo para transformar nuestra vida, sino también para generar impacto en el entorno que nos rodea. Este capítulo te ayudará a identificar, desarrollar y aplicar tu genialidad para convertirla en un motor de cambio positivo.

1. ¿Qué es tu Genialidad?

- **Definición:** Es la habilidad o combinación de talentos que te hace único, algo que disfrutas hacer y en lo que destacas.
- **Reconoce tus fortalezas:** Haz una lista de actividades en las que sobresales o recibes elogios de otros.
- **Pasión y propósito:** Tu genialidad está estrechamente ligada a aquello que te motiva y te llena de satisfacción.

Ejercicio: Pregúntate: *¿Qué hago tan bien que a otros les resulta difícil?*

2. Cómo Identificar tu Genialidad

- **Explora tus intereses:** Piensa en actividades que disfrutas hacer, incluso sin recibir pago por ellas.
- **Prueba nuevas experiencias:** A veces, descubrirás tu genialidad al salir de tu zona de confort y enfrentar retos nuevos.
- **Busca retroalimentación:** Pregunta a amigos, familiares o colegas en qué consideran que eres excepcional.

Ejemplo: Alguien con una habilidad innata para la cocina puede crear un negocio de comida saludable o dar clases online.

3. Desarrolla tu Genialidad

- **Capacitación continua:** Aprende más sobre tu área de talento a través de cursos, tutoriales o prácticas constantes.
- **Aplica la regla de las 10,000 horas:** Dedica tiempo suficiente a perfeccionar tus habilidades para alcanzar la maestría.
- **Rodéate de inspiración:** Conéctate con personas que compartan tu interés o que sean expertos en el campo que te apasiona.

Ejemplo práctico: Si eres bueno en el diseño, podrías estudiar técnicas avanzadas o aprender nuevas herramientas digitales.

4. Genialidad al Servicio del Cambio Personal

- **Empieza en pequeño:** Usa tu talento para mejorar aspectos de tu propia vida, como generar ingresos adicionales o resolver problemas cotidianos.
- **Establece metas específicas:** Define objetivos claros que puedas alcanzar utilizando tus habilidades.
- **Sé consistente:** El verdadero cambio ocurre cuando aplicas tu talento de manera constante, no solo esporádica.

Ejemplo: Si eres un excelente comunicador, podrías ofrecer talleres locales para enseñar habilidades de oratoria y generar ingresos.

5. Genialidad para Impactar tu Comunidad

- **Proyectos colaborativos:** Trabaja con otros para aplicar tu genialidad en iniciativas comunitarias.
- **Identifica necesidades locales:** Observa los problemas de tu entorno y piensa cómo tu habilidad puede ser parte de la solución.
- **Crea oportunidades para otros:** Usa tu genialidad para enseñar o empoderar a quienes te rodean.

Ejemplo: Si tienes talento para el arte, organiza murales comunitarios para embellecer tu barrio mientras enseñas a otros.

6. Monetiza tu Genialidad

- **Transforma tu talento en un negocio:** Ofrece productos o servicios basados en lo que haces mejor.
- **Usa plataformas digitales:** Promociona tu habilidad en redes sociales o plataformas especializadas como Fiverr, Etsy o YouTube.
- **Crea múltiples fuentes de ingreso:** Ofrece clases, vende productos relacionados o crea contenido educativo.

Ejemplo práctico: Si eres hábil con el bricolaje, vende tus creaciones en línea y ofrece tutoriales en redes sociales.

7. Supera los Obstáculos al Usar tu Genialidad

- **Rompe barreras mentales:** No permitas que el miedo al fracaso o la comparación con otros te detenga.
- **Enfócate en el progreso:** Acepta que no necesitas ser perfecto; lo importante es avanzar continuamente.
- **Sé paciente:** El reconocimiento o los resultados financieros pueden tomar tiempo, pero tu esfuerzo constante dará frutos.

Frase motivadora: "El mundo necesita lo que tú tienes para ofrecer, aunque aún no lo sepas."

---

8. Inspira a Otros con tu Genialidad

- **Comparte tu historia:** Habla de tu camino y cómo desarrollaste tu habilidad para motivar a otros.
- **Mentoría:** Ayuda a alguien más a descubrir su propio talento y a potenciarlo.
- **Expande tu impacto:** Busca maneras de escalar tu influencia, desde escribir un libro hasta liderar proyectos masivos.

Ejemplo: Un joven que descubrió su habilidad para reparar bicicletas puede enseñar a otros y, eventualmente, iniciar un taller comunitario.

---

9. Ejemplos de Genialidades Transformadoras

- **Creatividad en tiempos de crisis:** Personas que usaron su talento para crear mascarillas durante la pandemia.
- **Tecnología e innovación:** Jóvenes que desarrollan aplicaciones para resolver problemas sociales.
- **Arte como protesta:** Artistas que usan su obra para generar conciencia sobre temas relevantes.

---

10. Crea un Plan para Usar tu Genialidad

- **Paso 1:** Define tu genialidad y cómo puedes aplicarla.
- **Paso 2:** Establece metas claras (por ejemplo, iniciar un proyecto en tres meses).
- **Paso 3:** Toma acción pequeña pero constante.
- **Paso 4:** Evalúa tus resultados y ajusta tu estrategia según sea necesario.

Plantilla de ejemplo:

- *Mi genialidad es: _____*
- *Cómo puedo aplicarla: _____*
- *Primera acción a tomar: _____*

Conclusión

Tu genialidad no solo es un regalo, sino una herramienta poderosa que puede mejorar tu vida y la de los demás. Al identificarla, desarrollarla y aplicarla, puedes transformar tu entorno y dejar un impacto duradero. Usa tu talento como un motor de cambio positivo y demuestra que todos tenemos algo valioso que aportar al mundo.

Impacto Social de la Creatividad Económica

La creatividad económica tiene el poder de transformar comunidades y sociedades al ofrecer soluciones innovadoras para resolver problemas, generar ingresos y mejorar la calidad de vida. Su impacto social radica en su capacidad para empoderar a las personas, revitalizar economías locales y fomentar la cohesión comunitaria.

1. ¿Qué es la Creatividad Económica?

Es la aplicación de ideas originales y recursos disponibles para generar valor económico. Implica pensar más allá de los métodos tradicionales y buscar formas ingeniosas de satisfacer necesidades económicas individuales y colectivas.

Ejemplo: Crear una cooperativa de mujeres artesanas que vendan sus productos en mercados locales y digitales.

2. Empoderamiento Individual

- **Fomenta la independencia financiera:** Las personas pueden crear sus propias oportunidades de ingresos sin depender exclusivamente de empleos formales.
- **Despierta el espíritu emprendedor:** Promueve la autoconfianza y la iniciativa para explorar nuevas formas de generar recursos.
- **Reducción de la desigualdad:** Proporciona herramientas para que personas de todos los niveles educativos y socioeconómicos tengan acceso a fuentes de ingresos.

Ejemplo: Un joven que ofrece servicios de diseño gráfico desde su hogar logra no solo generar ingresos, sino también construir una reputación profesional.

3. Revitalización de Economías Locales

- **Creación de empleo:** Los emprendimientos creativos generan oportunidades laborales, especialmente en comunidades con acceso limitado a empleo formal.
- **Promoción del comercio local:** Las personas invierten en productos y servicios locales, impulsando las economías de sus barrios o regiones.
- **Desarrollo de industrias culturales:** La creatividad económica impulsa actividades como la música, el arte y el turismo cultural.

Ejemplo: Una comunidad organiza un mercado semanal de productos locales, atrayendo visitantes y dinamizando la economía del lugar.

4. Innovación para Resolver Problemas Sociales

- **Acceso a servicios básicos:** Proyectos creativos pueden resolver problemas como el acceso a agua potable, educación o energía.
- **Inclusión social:** Personas marginadas encuentran oportunidades de contribuir y participar en la economía.
- **Sostenibilidad:** Los emprendimientos creativos suelen tener un enfoque en el uso eficiente de recursos, lo que beneficia al medio ambiente.

Ejemplo: Un grupo de emprendedores crea lámparas solares accesibles para comunidades rurales sin acceso a electricidad.

5. Fortalecimiento de la Comunidad

- **Cohesión social:** Los proyectos colaborativos unen a las personas en torno a objetivos comunes.
- **Orgullo local:** Los logros creativos generan un sentido de pertenencia y orgullo en la comunidad.
- **Redes de apoyo:** Se forman ecosistemas de colaboración donde las personas comparten recursos, conocimientos y oportunidades.

Ejemplo: Una red de vecinos se organiza para producir alimentos orgánicos y venderlos juntos en ferias locales.

6. Inspiración y Educación

- **Fomentar la creatividad en las futuras generaciones:** Los proyectos exitosos inspiran a los jóvenes a buscar soluciones innovadoras a sus problemas económicos.
- **Promoción del aprendizaje continuo:** Las personas adquieren nuevas habilidades para adaptarse a un mundo en constante cambio.
- **Ejemplo práctico:** Talleres de emprendimiento impartidos en escuelas locales para motivar a los jóvenes a desarrollar sus propias ideas de negocio.

7. Reducción de la Dependencia Externa

- **Autosuficiencia económica:** Las comunidades que generan sus propios recursos se vuelven menos dependientes de ayudas externas.
- **Mayor resiliencia ante crisis:** Los modelos creativos suelen ser flexibles y adaptables, permitiendo a las personas superar desafíos económicos.
- **Ejemplo:** Durante la pandemia, negocios locales adaptaron sus modelos para ofrecer entregas a domicilio o servicios digitales.

8. Ejemplos de Impacto Social de la Creatividad Económica

1. **Micronegocios en barrios urbanos:** Mujeres que ofrecen servicios de costura y reparaciones, fortaleciendo su economía familiar.
2. **Plataformas digitales de comercio local:** Aplicaciones que conectan productores rurales con consumidores urbanos, eliminando intermediarios.
3. **Arte para la transformación social:** Proyectos de murales comunitarios que además generan ingresos para los artistas.
4. **Reciclaje creativo:** Negocios basados en la transformación de residuos en productos útiles, como muebles o accesorios.

9. Cómo Promover la Creatividad Económica con Impacto Social

- **Capacitación:** Ofrecer programas educativos que enseñen habilidades prácticas y herramientas digitales.
- **Redes de colaboración:** Fomentar alianzas entre emprendedores, comunidades y gobiernos locales.
- **Financiamiento accesible:** Proveer microcréditos y fondos comunitarios para impulsar ideas innovadoras.
- **Difusión de casos de éxito:** Compartir historias de emprendimientos creativos que hayan generado cambios positivos.

10. Conclusión

La creatividad económica no solo mejora la calidad de vida de las personas, sino que también transforma comunidades enteras. Su impacto social reside en su capacidad para empoderar, innovar y conectar, ofreciendo soluciones sostenibles a los desafíos actuales. Al fomentar la creatividad económica, estamos invirtiendo en un futuro más inclusivo, próspero y equitativo para todos.

Contribuir al Desarrollo de tu Comunidad

El desarrollo de una comunidad no solo depende de grandes proyectos gubernamentales, sino también de las acciones individuales y colectivas de sus miembros. Cada persona tiene el potencial de aportar, ya sea a través de sus habilidades, recursos o tiempo. Este capítulo explora cómo convertir tus ideas, talentos y esfuerzo en motores de cambio para mejorar el entorno en el que vives.

1. ¿Qué Significa Contribuir al Desarrollo Comunitario?

- **Colaboración activa:** Participar en actividades que mejoren el bienestar común.
- **Responsabilidad compartida:** Reconocer que el progreso colectivo también es responsabilidad de cada individuo.
- **Generación de impacto positivo:** Hacer cambios tangibles y duraderos en la calidad de vida de tu comunidad.

Ejemplo: Organizar campañas de limpieza en espacios públicos o rehabilitar áreas de uso común como parques o centros deportivos.

2. Beneficios de Contribuir al Desarrollo Comunitario

- **Mejora del entorno:** Crear espacios más seguros, limpios y funcionales para todos.
- **Fortalecimiento de la identidad local:** Incrementar el sentido de pertenencia y orgullo en la comunidad.
- **Crecimiento personal:** Desarrollar habilidades como liderazgo, trabajo en equipo y resolución de problemas.
- **Relaciones más sólidas:** Fomentar vínculos entre los vecinos y promover la cooperación.

Ejemplo práctico: Un grupo de residentes organiza talleres gratuitos de alfabetización digital para adultos mayores.

3. Cómo Identificar las Necesidades de tu Comunidad

- **Observa:** Presta atención a los problemas o carencias evidentes, como falta de alumbrado, espacios públicos deteriorados o falta de actividades culturales.
- **Escucha:** Habla con tus vecinos, escuelas y negocios locales para conocer sus preocupaciones y necesidades.
- **Investiga:** Revisa información local, como estadísticas o reportes comunitarios, para tener datos concretos.

Ejercicio: Haz una lista de los problemas más urgentes en tu barrio y priorízalos según su impacto.

4. Formas de Contribuir al Desarrollo Comunitario

a) Proyectos de Infraestructura Comunitaria

- Organiza mejoras en calles, parques o espacios comunes.
- Realiza campañas para la instalación de áreas recreativas o educativas.

b) Educación y Capacitación

- Imparte talleres sobre temas relevantes como habilidades laborales, salud o finanzas personales.
- Apoya con clases de regularización para estudiantes en tu comunidad.

c) Sostenibilidad y Medio Ambiente

- Promueve actividades de reciclaje y manejo de residuos.
- Fomenta la plantación de árboles y jardines comunitarios.

d) Cultura y Entretenimiento

- Organiza eventos culturales, como obras de teatro, conciertos o festivales locales.
- Crea espacios de expresión artística para jóvenes.

e) Emprendimientos Sociales

- Desarrolla proyectos que generen empleo o recursos para quienes más lo necesitan.
- Impulsa cooperativas para la venta de productos o servicios locales.

5. Proyectos Colaborativos: Trabajar en Equipo para el Bien Común

- **Construcción de redes vecinales:** Crea comités o grupos de trabajo para atender necesidades específicas.
- **Apoyo mutuo:** Intercambia servicios o recursos con otros vecinos para reducir costos y maximizar el impacto.
- **Participación en decisiones:** Involúcrate en juntas vecinales o proyectos organizados por autoridades locales.

Ejemplo: Una comunidad crea una cooperativa de ahorro para financiar proyectos de mejora local, como pavimentación o alumbrado.

6. Habilidades Clave para Contribuir al Desarrollo Comunitario

- **Liderazgo:** Toma la iniciativa para organizar y motivar a otros.
- **Comunicación:** Aprende a transmitir ideas de manera clara y efectiva.
- **Gestión de recursos:** Optimiza tiempo, dinero y materiales para lograr los objetivos.
- **Resolución de conflictos:** Maneja desacuerdos para mantener la armonía y el enfoque en las metas.

Ejemplo: Un líder comunitario organiza reuniones semanales para definir prioridades y asignar tareas específicas.

7. Cómo Medir el Impacto de tu Contribución

- **Indicadores cuantitativos:** Evalúa cambios medibles, como el número de personas beneficiadas o áreas rehabilitadas.
- **Indicadores cualitativos:** Considera mejoras en la calidad de vida, cohesión social o satisfacción de los vecinos.
- **Retroalimentación:** Pregunta a la comunidad sobre su percepción de los proyectos realizados.

Ejemplo: Después de instalar un parque infantil, los padres reportan una mayor interacción entre las familias y un entorno más seguro para los niños.

8. Retos Comunes y Cómo Superarlos

- **Falta de apoyo:** Busca aliados, como empresas locales o instituciones, para conseguir recursos o patrocinios.

- **Resistencia al cambio:** Comunica claramente los beneficios y escucha las inquietudes de los demás.
- **Limitaciones financieras:** Implementa soluciones creativas, como campañas de recaudación de fondos o donaciones.

Ejemplo: Una comunidad organiza una kermés para financiar la construcción de un aula en la escuela local.

9. Inspira a Otros a Contribuir

- **Comparte tus logros:** Habla de tus proyectos en reuniones, redes sociales o medios locales.
- **Sé un modelo a seguir:** Muestra cómo pequeñas acciones pueden generar grandes resultados.
- **Crea oportunidades para participar:** Invita a más personas a unirse a tus iniciativas.

Ejemplo: Un emprendedor local ofrece talleres gratuitos de panadería, motivando a otros a compartir sus habilidades también.

10. Conclusión

Contribuir al desarrollo de tu comunidad es una forma de transformar no solo tu entorno, sino también a ti mismo. Tus ideas, habilidades y esfuerzo pueden marcar la diferencia en la vida de muchas personas. Al trabajar juntos, las comunidades pueden superar desafíos, construir un futuro más prometedor y demostrar que el cambio empieza desde dentro.

Contribuir al Desarrollo de tu Comunidad

El desarrollo de una comunidad no solo depende de grandes proyectos gubernamentales, sino también de las acciones individuales y colectivas de sus miembros. Cada persona tiene el potencial de aportar, ya sea a través de sus habilidades, recursos o tiempo. Este capítulo explora cómo convertir tus ideas, talentos y esfuerzo en motores de cambio para mejorar el entorno en el que vives.

1. ¿Qué Significa Contribuir al Desarrollo Comunitario?

- **Colaboración activa:** Participar en actividades que mejoren el bienestar común.

- **Responsabilidad compartida:** Reconocer que el progreso colectivo también es responsabilidad de cada individuo.
- **Generación de impacto positivo:** Hacer cambios tangibles y duraderos en la calidad de vida de tu comunidad.

Ejemplo: Organizar campañas de limpieza en espacios públicos o rehabilitar áreas de uso común como parques o centros deportivos.

2. Beneficios de Contribuir al Desarrollo Comunitario

- **Mejora del entorno:** Crear espacios más seguros, limpios y funcionales para todos.
- **Fortalecimiento de la identidad local:** Incrementar el sentido de pertenencia y orgullo en la comunidad.
- **Crecimiento personal:** Desarrollar habilidades como liderazgo, trabajo en equipo y resolución de problemas.
- **Relaciones más sólidas:** Fomentar vínculos entre los vecinos y promover la cooperación.

Ejemplo práctico: Un grupo de residentes organiza talleres gratuitos de alfabetización digital para adultos mayores.

3. Cómo Identificar las Necesidades de tu Comunidad

- **Observa:** Presta atención a los problemas o carencias evidentes, como falta de alumbrado, espacios públicos deteriorados o falta de actividades culturales.
- **Escucha:** Habla con tus vecinos, escuelas y negocios locales para conocer sus preocupaciones y necesidades.
- **Investiga:** Revisa información local, como estadísticas o reportes comunitarios, para tener datos concretos.

Ejercicio: Haz una lista de los problemas más urgentes en tu barrio y priorízalos según su impacto.

4. Formas de Contribuir al Desarrollo Comunitario

a) Proyectos de Infraestructura Comunitaria

- Organiza mejoras en calles, parques o espacios comunes.
- Realiza campañas para la instalación de áreas recreativas o educativas.

b) Educación y Capacitación

- Imparte talleres sobre temas relevantes como habilidades laborales, salud o finanzas personales.
- Apoya con clases de regularización para estudiantes en tu comunidad.

c) Sostenibilidad y Medio Ambiente

- Promueve actividades de reciclaje y manejo de residuos.
- Fomenta la plantación de árboles y jardines comunitarios.

d) Cultura y Entretenimiento

- Organiza eventos culturales, como obras de teatro, conciertos o festivales locales.
- Crea espacios de expresión artística para jóvenes.

e) Emprendimientos Sociales

- Desarrolla proyectos que generen empleo o recursos para quienes más lo necesitan.
- Impulsa cooperativas para la venta de productos o servicios locales.

5. Proyectos Colaborativos: Trabajar en Equipo para el Bien Común

- **Construcción de redes vecinales:** Crea comités o grupos de trabajo para atender necesidades específicas.
- **Apoyo mutuo:** Intercambia servicios o recursos con otros vecinos para reducir costos y maximizar el impacto.
- **Participación en decisiones:** Involúcrate en juntas vecinales o proyectos organizados por autoridades locales.

Ejemplo: Una comunidad crea una cooperativa de ahorro para financiar proyectos de mejora local, como pavimentación o alumbrado.

6. Habilidades Clave para Contribuir al Desarrollo Comunitario

- **Liderazgo:** Toma la iniciativa para organizar y motivar a otros.
- **Comunicación:** Aprende a transmitir ideas de manera clara y efectiva.
- **Gestión de recursos:** Optimiza tiempo, dinero y materiales para lograr los objetivos.
- **Resolución de conflictos:** Maneja desacuerdos para mantener la armonía y el enfoque en las metas.

Ejemplo: Un líder comunitario organiza reuniones semanales para definir prioridades y asignar tareas específicas.

---

7. Cómo Medir el Impacto de tu Contribución

- **Indicadores cuantitativos:** Evalúa cambios medibles, como el número de personas beneficiadas o áreas rehabilitadas.
- **Indicadores cualitativos:** Considera mejoras en la calidad de vida, cohesión social o satisfacción de los vecinos.
- **Retroalimentación:** Pregunta a la comunidad sobre su percepción de los proyectos realizados.

Ejemplo: Después de instalar un parque infantil, los padres reportan una mayor interacción entre las familias y un entorno más seguro para los niños.

---

8. Retos Comunes y Cómo Superarlos

- **Falta de apoyo:** Busca aliados, como empresas locales o instituciones, para conseguir recursos o patrocinios.
- **Resistencia al cambio:** Comunica claramente los beneficios y escucha las inquietudes de los demás.
- **Limitaciones financieras:** Implementa soluciones creativas, como campañas de recaudación de fondos o donaciones.

Ejemplo: Una comunidad organiza una kermés para financiar la construcción de un aula en la escuela local.

---

9. Inspira a Otros a Contribuir

- **Comparte tus logros:** Habla de tus proyectos en reuniones, redes sociales o medios locales.
- **Sé un modelo a seguir:** Muestra cómo pequeñas acciones pueden generar grandes resultados.
- **Crea oportunidades para participar:** Invita a más personas a unirse a tus iniciativas.

Ejemplo: Un emprendedor local ofrece talleres gratuitos de panadería, motivando a otros a compartir sus habilidades también.

10. Conclusión

Contribuir al desarrollo de tu comunidad es una forma de transformar no solo tu entorno, sino también a ti mismo. Tus ideas, habilidades y esfuerzo pueden marcar la diferencia en la vida de muchas personas. Al trabajar juntos, las comunidades pueden superar desafíos, construir un futuro más prometedor y demostrar que el cambio empieza desde dentro.

Inspira a Otros con tu Historia

Cada persona tiene una historia única que puede motivar, enseñar y transformar la vida de quienes la escuchan. Compartir tus experiencias, logros y desafíos no solo es un acto de valentía, sino también una herramienta poderosa para inspirar a otros a alcanzar sus metas y superar sus dificultades.

1. ¿Por Qué Contar Tu Historia?

- **Motivación:** Tu experiencia puede animar a otros a seguir adelante en momentos difíciles.
- **Conexión:** Las historias personales crean empatía y ayudan a las personas a sentirse comprendidas.
- **Ejemplo positivo:** Mostrar cómo superaste retos puede servir de modelo para quienes enfrentan situaciones similares.

Ejemplo: Una madre emprendedora que cuenta cómo inició su negocio desde casa mientras cuidaba de sus hijos puede inspirar a otras mujeres a hacer lo mismo.

2. Encuentra el Valor en tu Historia

- **Reconoce tus logros:** No importa si parecen pequeños; cada paso cuenta.
- **Aprende de tus errores:** Las lecciones obtenidas de las dificultades son igual de valiosas.
- **Identifica momentos clave:** Reflexiona sobre los eventos que marcaron un antes y un después en tu vida.

Ejercicio: Haz una lista de los momentos en los que superaste un desafío importante o alcanzaste una meta significativa.

---

3. Elementos de una Historia Inspiradora

a) Un Desafío o Problema Real

- ¿Qué obstáculos enfrentaste?
- ¿Qué emociones experimentaste en ese momento?

b) Un Proceso de Transformación

- ¿Qué pasos tomaste para superar el desafío?
- ¿Qué recursos utilizaste o creaste para salir adelante?

c) Un Resultado o Logro Positivo

- ¿Cómo cambió tu vida o la de otros?
- ¿Qué aprendiste que podría ser útil para alguien más?

Ejemplo: Un joven relata cómo transformó su pasión por la cocina en un negocio exitoso, empezando con recetas familiares en un pequeño puesto de comida.

---

4. Cómo Compartir tu Historia

a) A través de Redes Sociales

- Publica videos, fotos o escritos en plataformas como Facebook, Instagram o YouTube.
- Usa un lenguaje auténtico y cercano para conectar con tu audiencia.

b) Charlas y Talleres

- Participa en eventos comunitarios, escuelas o reuniones para contar tu experiencia en persona.
- Adapta tu historia al público, destacando lecciones prácticas.

c) Escríbela

- Publica un artículo, blog o libro que detalle tu recorrido.
- Incluye anécdotas que muestren tu proceso de crecimiento.

Ejemplo: Una persona escribe un blog sobre cómo dejó un trabajo insatisfactorio para dedicarse a una carrera en la que se siente realizada.

5. El Poder de la Vulnerabilidad

- **Sé honesto:** Habla de tus miedos, dudas y fracasos. Esto hace que tu historia sea más real y humana.
- **Acepta tus imperfecciones:** No necesitas ser perfecto para inspirar; al contrario, la gente se identifica con la autenticidad.
- **Muestra tu resiliencia:** Cómo te levantaste después de caer es lo que realmente impacta.

Ejemplo: Un empresario comparte cómo perdió su primer negocio, pero usó esa experiencia para crear una empresa más fuerte y exitosa.

6. Inspirar desde la Acción

- **Sé coherente:** Vive los valores y principios que transmites en tu historia.
- **Invita a otros a participar:** Anima a las personas a tomar acción en sus vidas basándose en lo que les enseñaste.
- **Construye una red:** Conecta con personas que compartan tu visión para multiplicar el impacto.

Ejemplo: Una mujer que aprendió a ahorrar y salir de deudas crea un grupo comunitario donde enseña a otros sus estrategias.

7. Historias que Transforman Comunidades

- **Ejemplo de esfuerzo colectivo:** Narrar cómo un grupo de vecinos transformó un terreno baldío en un parque comunitario puede inspirar a otras comunidades.

- **Héroes cotidianos:** Resaltar las acciones de personas comunes que hacen cosas extraordinarias anima a otros a valorar sus propios aportes.
- **Impacto generacional:** Compartir cómo tu historia ha influido en la vida de tus hijos o estudiantes puede generar una cadena de inspiración.

Ejemplo: Un maestro relata cómo su dedicación ayudó a un estudiante a lograr una beca universitaria, inspirando a más jóvenes a esforzarse por sus sueños.

8. Herramientas para Potenciar tu Historia

- **Usa imágenes y videos:** Ayudan a captar la atención y a transmitir emociones más intensas.
- **Incorpora testimonios:** Permite que otras personas hablen sobre cómo tu historia los impactó.
- **Sé dinámico:** Usa el humor, las pausas y la entonación adecuada al compartir tu relato en público.

9. Los Beneficios de Inspirar a Otros

- **Multiplicación de logros:** Cuando otros aplican tus aprendizajes, tu impacto se expande.
- **Satisfacción personal:** Saber que ayudaste a alguien a cambiar su vida es profundamente gratificante.
- **Construcción de legado:** Tu historia puede convertirse en una fuente de motivación para generaciones futuras.

10. Conclusión

Tu historia tiene el poder de cambiar vidas. No importa si piensas que es sencilla o común, lo importante es compartirla con autenticidad y con el deseo de generar un impacto positivo. Inspira a otros mostrando que, con determinación y creatividad, los desafíos pueden transformarse en oportunidades y los sueños en realidades. ¡Atrévete a ser el cambio que quieres ver en el mundo!

Conclusión: El Inicio de un Camino Sin Límites

Este libro no es un final, sino el comienzo de una aventura extraordinaria. A lo largo de estas páginas, hemos explorado ideas, estrategias y perspectivas diseñadas para despertar tu genialidad, potenciar tu capacidad creativa y guiarte hacia un futuro económico sólido y satisfactorio. Pero lo más importante es que este viaje no termina aquí: ahora tienes en tus manos las herramientas necesarias para forjar tu propio camino, sin límites más allá de los que tú mismo decidas romper.

1. El Poder de Tomar el Primer Paso

Todo gran cambio comienza con una decisión. Si algo quedó claro es que no necesitas condiciones perfectas ni recursos ilimitados para empezar. Solo necesitas dar ese primer paso con valentía y confianza.

Recuerda:

- Cada pequeña acción cuenta y se acumula con el tiempo.
- Los errores son aprendizajes disfrazados.
- Tu visión se convierte en realidad solo si actúas sobre ella.

2. La Importancia de Creer en Ti Mismo

La genialidad que necesitas para satisfacer tus necesidades económicas ya está dentro de ti. Tus talentos, habilidades y experiencias tienen un valor único. Al confiar en tus capacidades, descubrirás nuevas formas de crear, crecer y prosperar.

Mantra para el futuro: *"Soy capaz de transformar mis ideas en realidades y mis sueños en logros."*

3. Construyendo un Legado

Tu éxito personal tiene el poder de trascender. Al compartir tus logros, colaborar con otros y contribuir a tu comunidad, te conviertes en un agente de cambio que inspira y transforma vidas.

Reflexión:

- ¿Cómo quieres ser recordado por tu familia, amigos y comunidad?
- ¿Qué impacto positivo puedes empezar a generar desde hoy?

4. Mantén la Mentalidad de Crecimiento

El mundo está en constante evolución, y tus conocimientos, habilidades y estrategias también deben adaptarse. Continúa aprendiendo, explorando y buscando nuevas formas de innovar.

Consejos prácticos para seguir creciendo:

- Lee, escucha y observa contenido que expanda tu perspectiva.
- Rodéate de personas que te inspiren y te reten a mejorar.
- Evalúa tus logros regularmente y ajusta tus metas.

5. Más Allá del Dinero: Tu Propósito Mayor

Aunque la economía es fundamental, este camino también se trata de encontrar significado y satisfacción. El verdadero éxito radica en alinear tus esfuerzos con tus valores y en usar tus recursos para mejorar no solo tu vida, sino también la de quienes te rodean.

Pregunta final: *¿Cómo puedes utilizar tu genialidad para crear un mundo mejor mientras construyes una vida que amas?*

6. Un Camino Sin Límites

No importa dónde estés hoy, lo que importa es hacia dónde quieres ir. Tienes la capacidad de imaginar, crear y construir una vida que no solo satisfaga tus necesidades, sino que supere tus expectativas.
Tu genialidad es el motor que puede llevarte más allá de cualquier límite. Este es solo el principio; el resto de la historia está por escribirse, y tú eres su autor.

Mensaje de despedida:
"El único límite es el que tú mismo te impones. Sueña en grande, actúa con determinación y recuerda siempre que el camino hacia tus metas está lleno de posibilidades infinitas. Este es tu momento. Adelante, sin límites."

¡Gracias por ser parte de esta travesía! Ahora te toca a ti tomar las riendas y transformar tu genialidad en el cambio que el mundo necesita.

Recursos Adicionales

Para continuar desarrollando tu genialidad y lograr tus metas económicas, aquí te presento una lista de recursos útiles que pueden complementar lo aprendido en este libro. Estos materiales, herramientas y plataformas están diseñados para fortalecer tus habilidades, inspirarte y ayudarte a dar los siguientes pasos en tu camino hacia el éxito.

---

1. Libros Recomendados

a) Desarrollo Personal y Mentalidad Emprendedora

- *Los secretos de la mente millonaria* – T. Harv Eker.
- *Piense y hágase rico* – Napoleon Hill.
- *El poder de los hábitos* – Charles Duhigg.

b) Estrategias Financieras

- *Padre rico, padre pobre* – Robert Kiyosaki.
- *El inversionista inteligente* – Benjamin Graham.
- *La psicología del dinero* – Morgan Housel.

c) Creatividad e Innovación

- *Roba como un artista* – Austin Kleon.
- *Creatividad S.A.* – Ed Catmull.
- *La guerra del arte* – Steven Pressfield.

---

2. Cursos y Plataformas Educativas en Línea

- **Coursera:** Cursos de universidades prestigiosas sobre finanzas, emprendimiento y desarrollo personal.
- **Udemy:** Amplia variedad de cursos asequibles sobre negocios, marketing y habilidades prácticas.
- **edX:** Formación gratuita o certificada en temas de tecnología, economía y liderazgo.
- **Domestika:** Clases prácticas para desarrollar creatividad en diseño, artes y emprendimientos creativos.

3. Herramientas para Emprendedores

a) Gestión y Planificación

- **Trello:** Organización de tareas y proyectos.
- **Asana:** Seguimiento colaborativo de proyectos.
- **Notion:** Herramienta todo en uno para notas, planificación y gestión de contenido.

b) Finanzas y Presupuestos

- **Wave:** Herramienta gratuita para administrar ingresos y gastos.
- **QuickBooks:** Ideal para pequeñas empresas y freelancers.
- **YNAB (You Need A Budget):** Aplicación para planificar tus finanzas personales.

c) Marketing y Redes Sociales

- **Canva:** Diseño gráfico sencillo para crear contenido visual atractivo.
- **Buffer:** Gestión de publicaciones en redes sociales.
- **Mailchimp:** Email marketing para conectar con clientes potenciales.

4. Comunidades y Redes de Apoyo

- **Meetup:** Encuentra grupos locales de emprendedores y creativos para intercambiar ideas.
- **LinkedIn Groups:** Únete a comunidades relacionadas con tus intereses profesionales.
- **Facebook Groups:** Busca comunidades enfocadas en negocios, creatividad o desarrollo personal.

5. Podcasts Inspiradores

- **Finanzas Personales y Emprendimiento:**
  - *Nómada Digital Podcast* – Matt Giovanisci.
  - *Finanzas y Abundancia* – Sonia Sánchez-Escuer.
- **Creatividad y Productividad:**
  - *The Creative Pep Talk* – Andy J. Pizza.
  - *Aumenta tu Éxito* – Ricardo Garzamendi.
- **Historias de Éxito:**
  - *Cómo lo Hizo* – NPR (Historias de emprendedores).
  - *Masters of Scale* – Reid Hoffman (Fundador de LinkedIn).

6. Programas y Fondos de Apoyo para Emprendedores

- **Instituto Nacional del Emprendedor (INADEM):** Programas y apoyos para emprendedores en México.
- **Kiva:** Microcréditos para pequeñas empresas.
- **Startup México:** Espacios de coworking y apoyo para nuevos negocios.
- **Fondeadora:** Plataforma de crowdfunding para financiar proyectos creativos y empresariales.

7. Aplicaciones para Inspirarte y Mantenerte Motivado

- **Mindvalley:** Programas de desarrollo personal y crecimiento espiritual.
- **Headspace:** Meditación y mindfulness para mejorar tu enfoque y creatividad.
- **Blinkist:** Resúmenes de libros de negocios, liderazgo y desarrollo personal.
- **Duolingo:** Aprende un nuevo idioma para expandir tus oportunidades.

8. Sitios Web y Blogs Inspiradores

- **Entrepreneur.com:** Consejos y recursos para emprendedores.
- **Medium:** Artículos escritos por expertos en negocios, creatividad y desarrollo personal.
- **The Balance:** Información sobre finanzas personales y estrategias de inversión.

9. Contactos y Redes Locales

- Participa en ferias locales, talleres y eventos comunitarios para promover tus proyectos.
- Conecta con cámaras de comercio locales o asociaciones de emprendedores en tu área.
- Únete a iniciativas comunitarias de intercambio de conocimientos y recursos.

10. Conclusión: Haz de los Recursos tu Palanca

Los recursos son herramientas, pero su poder radica en cómo los utilizas. Aprovecha estos materiales, plataformas y redes para seguir aprendiendo, creciendo y explorando nuevas oportunidades. Recuerda: lo más importante no es cuánto sabes, sino cómo aplicas lo que sabes para avanzar hacia tus objetivos.

Ejercicios Prácticos

Estos ejercicios están diseñados para ayudarte a aplicar las ideas del libro en tu vida diaria. Son prácticos, adaptables y te guiarán en el desarrollo de tu creatividad, resiliencia económica y capacidad de contribuir a tu comunidad.

1. Descubre tu Genialidad

Objetivo: Identificar tus talentos y habilidades únicas.

1. **Haz una lista de tus habilidades:** Escribe 10 cosas que haces bien, desde habilidades técnicas hasta actividades cotidianas.
2. **Piensa en tus pasiones:** ¿Qué actividades disfrutas y harías sin que te pagaran?
3. **Recibe retroalimentación:** Pregunta a tres personas cercanas qué consideran que haces mejor que la mayoría.
4. **Conecta puntos:** Busca maneras de combinar tus habilidades y pasiones en algo productivo.

2. Genera Ingresos Inmediatos

Objetivo: Identificar oportunidades para obtener dinero rápidamente.

1. **Haz un inventario:** Revisa tu hogar en busca de cosas que no necesites y que puedas vender.
2. **Lista servicios rápidos:** Escribe 5 servicios que podrías ofrecer inmediatamente (ejemplo: limpieza, tutorías, reparaciones).
3. **Actúa:** Selecciona una idea y publícala en redes sociales, grupos comunitarios o plataformas como Facebook Marketplace.

3. Diseña tu Proyecto a Largo Plazo

Objetivo: Crear una visión clara para un emprendimiento sostenible.

1. **Elige una idea grande:** Escoge una pasión o habilidad que quieras convertir en un negocio.
2. **Define tu visión:** Describe cómo se verá tu proyecto en 5 años.
3. **Establece metas:** Divide la visión en metas alcanzables a 1, 3 y 6 meses.
4. **Toma el primer paso:** Realiza una acción concreta hoy, como investigar, hacer un presupuesto inicial o hablar con alguien que pueda ayudarte.

4. Mejora tu Resiliencia Económica

Objetivo: Diversificar y proteger tus ingresos.

1. **Crea un mapa de ingresos:** Escribe todas las fuentes de ingresos que tienes actualmente.
2. **Piensa en nuevas fuentes:** Enumera al menos 3 formas adicionales de generar ingresos (por ejemplo, venta de productos caseros, renta de espacios, clases en línea).
3. **Toma acción:** Elige una nueva fuente y trabaja en ella durante un mes.
4. **Evalúa:** Analiza qué funcionó y qué puedes mejorar.

5. Practica el Ahorro Creativo

Objetivo: Reducir gastos y maximizar recursos.

1. **Registra tus gastos:** Lleva un registro diario durante una semana.
2. **Identifica fugas:** Encuentra tres áreas donde podrías reducir costos.
3. **Propón alternativas:** Busca formas creativas de ahorrar (ejemplo: cocinar en casa, intercambiar servicios, usar transporte público).
4. **Establece un objetivo:** Decide cuánto dinero ahorrarás al mes y hazlo parte de tu rutina.

6. Desarrolla una Idea para la Comunidad

Objetivo: Diseñar un proyecto colaborativo que beneficie a tu comunidad.

1. **Identifica una necesidad:** Observa tu entorno y escribe un problema que podrías ayudar a resolver.
2. **Consulta a otros:** Habla con vecinos o amigos para validar la idea y recolectar opiniones.
3. **Diseña una solución:** Crea un plan sencillo que pueda implementarse con los recursos disponibles.
4. **Forma un equipo:** Recluta personas interesadas y establece tareas claras.
5. **Lánzalo:** Empieza con una pequeña acción y ajusta el proyecto según los resultados.

7. Aprende de tus Errores

Objetivo: Usar los fracasos como oportunidades de crecimiento.

1. **Elige un error pasado:** Escribe sobre un error o fracaso que hayas tenido.
2. **Analiza:** Responde las siguientes preguntas:
   - ¿Qué salió mal?
   - ¿Qué aprendiste de esta experiencia?
   - ¿Qué harías diferente ahora?
3. **Implementa las lecciones:** Aplica tus aprendizajes a un proyecto actual.

---

8. Inspira a Otros con tu Historia

Objetivo: Compartir tu experiencia para motivar a otras personas.

1. **Escribe tu historia:** Incluye el desafío que enfrentaste, cómo lo resolviste y el resultado.
2. **Busca tu público:** Identifica dónde podrías compartir tu historia (redes sociales, eventos, reuniones comunitarias).
3. **Crea contenido:** Prepara una publicación, video o presentación sencilla.
4. **Lánzate:** Comparte tu historia y anota las reacciones y comentarios que recibas.

9. Visualiza tu Futuro Sin Límites

Objetivo: Establecer una visión ambiciosa y clara para tu vida.

1. **Imagina tu vida ideal:** Escribe un día perfecto para ti en el futuro, considerando tu trabajo, finanzas, relaciones y actividades diarias.
2. **Define tus valores:** ¿Qué es lo más importante para ti?
3. **Establece prioridades:** Enumera tres metas grandes que te acerquen a esa visión.
4. **Crea un plan:** Divide esas metas en pasos pequeños y realiza uno esta semana.

10. Evalúa tu Progreso

Objetivo: Medir tu avance para mantenerte enfocado y motivado.

1. **Haz un repaso mensual:** Escribe tus logros y aprendizajes de cada mes.
2. **Evalúa tus metas:** Pregúntate si estás más cerca de tus objetivos.
3. **Ajusta:** Si algo no funcionó, redefine tu estrategia.
4. **Celebra:** Reconoce cada progreso, sin importar qué tan pequeño sea.

¡Estos ejercicios te ayudarán a transformar tus ideas en acción y a construir una vida llena de posibilidades!

Bibliografía Recomendada

La siguiente lista incluye libros, artículos y recursos esenciales que te ayudarán a profundizar en los temas tratados en este libro, desde creatividad y emprendimiento hasta resiliencia económica y desarrollo personal.

---

1. Desarrollo Personal y Mentalidad de Crecimiento

- **Covey, Stephen R.** *Los 7 hábitos de la gente altamente efectiva.*
  Un enfoque práctico para mejorar la efectividad personal y profesional.
- **Hill, Napoleon.** *Piense y hágase rico.*
  Clásico sobre cómo transformar pensamientos positivos en éxito económico.
- **Eker, T. Harv.** *Los secretos de la mente millonaria.*
  Una guía para reprogramar tus creencias sobre el dinero.
- **Duhigg, Charles.** *El poder de los hábitos.*
  Explora cómo los hábitos influyen en nuestra vida y cómo cambiarlos.

---

2. Creatividad e Innovación

- **Kleon, Austin.** *Roba como un artista.*
  Un manual para inspirarte a encontrar y desarrollar tu estilo creativo.
- **Catmull, Ed.** *Creatividad S.A.*
  Lecciones de liderazgo creativo por el cofundador de Pixar.
- **Pressfield, Steven.** *La guerra del arte.*
  Cómo superar los bloqueos creativos y liberar tu potencial artístico.

---

3. Finanzas Personales y Economía

- **Kiyosaki, Robert.** *Padre rico, padre pobre.*
  Cambia la forma de entender las finanzas y la inversión.
- **Housel, Morgan.** *La psicología del dinero.*
  Explora cómo las emociones y decisiones moldean nuestra relación con el dinero.
- **Graham, Benjamin.** *El inversionista inteligente.*
  Una referencia para quienes desean aprender sobre inversiones a largo plazo.

4. Emprendimiento y Estrategias de Negocio

- **Blank, Steve, y Dorf, Bob.** *The Startup Owner's Manual.*
  Una guía detallada para lanzar y gestionar startups exitosas.
- **Ries, Eric.** *El método Lean Startup.*
  Estrategias para desarrollar productos y negocios con un enfoque ágil.
- **Christensen, Clayton M.** *El dilema del innovador.*
  Analiza cómo las empresas deben innovar para sobrevivir.

5. Colaboración y Comunidad

- **Putnam, Robert D.** *Bowling Alone: The Collapse and Revival of American Community.*
  Un análisis sobre el impacto del capital social en las comunidades.
- **Ostrom, Elinor.** *Governing the Commons.*
  Cómo las comunidades pueden gestionar recursos compartidos de manera sostenible.
- **Senge, Peter.** *La quinta disciplina.*
  Enseña cómo los equipos pueden trabajar juntos para lograr metas comunes.

6. Inspiración y Motivación

- **Brown, Brené.** *El poder de la vulnerabilidad.*
  Reflexiones sobre cómo la autenticidad y la vulnerabilidad impulsan el éxito personal.
- **Gates, Melinda.** *El momento de alzar la voz.*
  Historias inspiradoras de mujeres transformando comunidades alrededor del mundo.
- **Gladwell, Malcolm.** *Los fuera de serie.*
  Historias que muestran cómo la práctica y el entorno influyen en el éxito.

7. Creatividad y Economía Local

- **Florida, Richard.** *The Rise of the Creative Class.*
  Examina el papel de la creatividad en la economía moderna.
- **Yunus, Muhammad.** *Creating a World Without Poverty.*
  Ideas para combinar negocios y propósito social.
- **Scharmer, C. Otto.** *Theory U: Leading from the Future as It Emerges.*
  Cómo liderar cambios profundos a través de la colaboración creativa.

8. Recursos Digitales y Nuevas Tecnologías

- **Chaffey, Dave, y Ellis-Chadwick, Fiona.** *Digital Marketing.*
  Estrategias prácticas para triunfar en el mundo digital.
- **Schmidt, Eric, y Rosenberg, Jonathan.** *How Google Works.*
  Consejos sobre cómo innovar en el entorno digital.
- **Kelly, Kevin.** *The Inevitable.*
  Explora las fuerzas tecnológicas que moldearán el futuro.

---

9. Economía Circular y Sostenibilidad

- **MacArthur, Ellen.** *Circular Economy: A Wealth of Flows.*
  Una introducción al concepto de economía circular y su aplicación.
- **Lovins, Amory B., y otros.** *Natural Capitalism.*
  Modelos de negocios que integran sostenibilidad y rentabilidad.

---

10. Desarrollo Comunitario y Liderazgo Local

- **Gawel, Richard.** *Community Development: A Guide for Grassroots Activists.*
  Herramientas prácticas para desarrollar proyectos comunitarios.
- **Kotter, John P.** *Leading Change.*
  Estrategias para liderar transformaciones significativas.
- **Heifetz, Ronald.** *Leadership Without Easy Answers.*
  Cómo liderar en contextos desafiantes y dinámicos.

Nota Final:
Estos libros y recursos han sido seleccionados para cubrir diferentes áreas de interés, desde finanzas personales y creatividad hasta emprendimiento y desarrollo comunitario. Complementarán tu aprendizaje y te proporcionarán nuevas ideas para poner en práctica lo que has leído en este libro. ¡Explora, aprende y sigue creciendo!

Herramientas y Enlaces Útiles

Aquí encontrarás una selección de herramientas digitales y recursos en línea que complementarán las estrategias y técnicas mencionadas en este libro. Estas plataformas te ayudarán a desarrollar, gestionar y optimizar tus ideas creativas y proyectos económicos.

1. Gestión Financiera y Presupuestos

Para organizar tus finanzas personales y empresariales:

- Mint: Herramienta gratuita para gestionar tus ingresos, gastos y presupuestos.
- YNAB (You Need a Budget): Ayuda a controlar tus finanzas personales con un enfoque en ahorro.
- Wave: Software gratuito de contabilidad para pequeños negocios.
- Fintonic: Aplicación para organizar tus cuentas y ahorrar.

2. Creación y Gestión de Negocios

Para planificar, organizar y lanzar proyectos:

- Trello: Herramienta de gestión de proyectos basada en tableros visuales.
- Asana: Plataforma de gestión de tareas y proyectos colaborativos.
- Canva: Crea diseños gráficos profesionales para promocionar tu negocio.
- Shopify: Plataforma para crear una tienda en línea de manera sencilla.

3. Marketing y Promoción

Para atraer clientes y difundir tu proyecto:

- Mailchimp: Crea campañas de email marketing.
- Buffer: Programa y administra publicaciones en redes sociales.
- Hootsuite: Herramienta avanzada para gestión de redes sociales.
- Google Ads: Crea campañas publicitarias dirigidas.

4. Creación de Contenido y Educación

Para aprender y compartir conocimientos:

- **Udemy:** Cursos en línea sobre emprendimiento, creatividad y más.
- **Coursera:** Aprende con cursos de universidades reconocidas.
- **Skillshare:** Plataforma con clases sobre diseño, marketing y negocios.
- **Canva para Educación:** Diseña contenido educativo atractivo.

5. Trabajo Colaborativo

Para coordinarte con socios o equipos de trabajo:

- **Google Workspace:** Herramientas como Google Docs y Sheets para colaboración en tiempo real.
- **Slack:** Comunicación y gestión de equipos de forma eficiente.
- **Zoom:** Reuniones virtuales para conectar con tu equipo o clientes.

6. Crowdfunding y Financiamiento

Para conseguir fondos para tus proyectos:

- **Kickstarter:** Plataforma para financiar proyectos creativos.
- **GoFundMe:** Ideal para recaudar fondos para causas personales o comunitarias.
- **Patreon:** Monetiza tu contenido con el apoyo de seguidores.
- **Kiva:** Microcréditos para emprendimientos sociales.

7. Recursos de Economía Circular y Sostenibilidad

Para fomentar proyectos sostenibles y ecológicos:

- **Too Good To Go:** Combate el desperdicio de alimentos.
- **Freecycle:** Intercambia bienes sin costo para reducir residuos.
- **iFixit:** Manuales gratuitos para reparar artículos y fomentar la reutilización.
- **Ecolana:** Guía para reciclar materiales en México.

8. Recursos para Emprendimientos Locales

Para conectar y aprender en tu comunidad:

- **INEGI:** Estadísticas para analizar el mercado local en México.
- **Cámara de Comercio:** Encuentra recursos para empresarios locales.

- **Facebook Marketplace:** Vende productos y servicios en tu zona.
- **Google My Business:** Aumenta tu visibilidad en búsquedas locales.

9. Creatividad y Diseño

Para dar vida a tus ideas:

- **Figma:** Herramienta colaborativa para diseño de interfaces.
- **Pixabay:** Banco de imágenes y videos gratuitos para tus proyectos.
- **Unsplash:** Fotos de alta calidad sin costo.
- **GIMP:** Software gratuito para edición avanzada de imágenes.

10. Inspírate con Historias y Comunidades

Conéctate con otros emprendedores y creativos:

- **Medium:** Historias y artículos inspiradores de expertos en diversas áreas.
- **LinkedIn Learning:** Recursos educativos y de networking profesional.
- **TED:** Charlas motivadoras sobre innovación y creatividad.
- **Meetup:** Encuentra grupos y eventos relacionados con tus intereses.

Estas herramientas y enlaces te brindarán apoyo práctico para poner en marcha tus ideas y maximizar tu potencial creativo y económico. Aprovecha estos recursos para comenzar, crecer y compartir tu impacto con los demás.

Conclusión: El Inicio de un Camino Sin Límites

A lo largo de este libro, hemos explorado cómo la genialidad que reside en cada uno de nosotros puede ser la clave para transformar nuestra realidad económica. Desde descubrir nuestras fortalezas personales hasta emprender proyectos creativos y sostenibles, cada paso ha sido una invitación a pensar diferente, a abrazar la incertidumbre y a ver los desafíos como oportunidades de crecimiento.

Es fundamental entender que el camino hacia la estabilidad financiera no siempre será lineal ni fácil. Habrá altibajos, pero lo que verdaderamente marca la diferencia es la capacidad de adaptarse, aprender y, lo más importante, nunca rendirse. El miedo al fracaso o la falta de recursos no deben ser barreras, sino impulsos para encontrar soluciones innovadoras.

La creatividad es una herramienta poderosa, y cuando se combina con acción, persistencia y resiliencia, puede abrir puertas que parecían inalcanzables. Cada idea, por más pequeña que sea, tiene el potencial de crecer y generar un impacto significativo, tanto en tu vida como en la de los demás.

Ahora es tu turno. El futuro económico que deseas no está determinado por tus circunstancias actuales, sino por las decisiones que tomes hoy. Siembra las semillas de tus proyectos, cultiva tus habilidades y no dejes de aprender. Recuerda que el éxito no se mide solo en términos de dinero, sino en la capacidad de ser fiel a ti mismo y a tus valores.

Este es solo el comienzo de un camino sin límites. Tú tienes el poder de transformar tu vida y la de tu comunidad. Lo único que necesitas es confiar en tu genialidad y dar el primer paso.

¡Adelante! El futuro es tuyo para crear.

Agradecimientos

Quiero expresar mi más sincero agradecimiento a todas las personas que, de una u otra manera, han sido parte de este proyecto. Sin su apoyo, este libro no habría sido posible.

En primer lugar, agradezco a mi familia, por su amor incondicional, su paciencia y por ser siempre un pilar de motivación en mi vida. Su apoyo constante me ha dado la fortaleza para seguir adelante en momentos de duda y dificultad.

A mis amigos y colaboradores, por sus valiosas ideas, su crítica constructiva y por compartir su tiempo y conocimientos. Su confianza en este proyecto ha sido una fuente constante de inspiración.

A mis mentores y maestros, que me han enseñado a ver más allá de los límites impuestos y a confiar en el poder de la creatividad. Sus lecciones no solo han moldeado mi carrera, sino también mi perspectiva sobre el mundo.

A todos los emprendedores, creativos y líderes comunitarios que, a lo largo de los años, me han mostrado que la genialidad está al alcance de todos. Este libro está inspirado en las historias de personas como ustedes, que no temen romper barreras y cambiar su entorno.

Y, por supuesto, a ti, lector, por abrir las páginas de este libro y permitir que mis palabras encuentren un lugar en tu vida. Te agradezco por confiar en este proyecto y por ser parte del cambio que tanto necesitamos en nuestra comunidad y en el mundo.

Este libro es solo una semilla. El verdadero impacto se logrará cuando cada uno de nosotros, con nuestra genialidad, se atreva a sembrar nuevas ideas, proyectos y sueños que transformen el futuro.

Con gratitud,
Alfonso Lemus Rodríguez

Acerca del Autor

Alfonso Lemus Rodríguez es un apasionado emprendedor, escritor y defensor del empoderamiento económico a través de la creatividad y la innovación. Con una vasta experiencia en el desarrollo de proyectos sociales y educativos, su misión es inspirar a las personas a descubrir y utilizar sus talentos para transformar su vida económica y, por ende, su comunidad.

A lo largo de su carrera, Alfonso ha trabajado con diversas organizaciones sin fines de lucro, como el Club Rotario Ojo de Agua, del Distrito 4170 de la Zona 25 de Rotary International, fomentando la colaboración comunitaria y apoyando el desarrollo de emprendimientos sostenibles. Su enfoque se centra en la creación de soluciones prácticas, accesibles y de impacto social, especialmente en áreas urbanas en expansión como Santa María Ozumbilla y los pueblos Originarios de Tecámac en el Estado de Mexico.

Como fundador de la organización *Por un Ozumbilla Mejor* y creador de iniciativas como *Ozumbilla TV*, ha sido testigo de la capacidad humana para superar adversidades económicas mediante la creatividad y el trabajo colectivo. Su objetivo es inspirar a las personas a pensar fuera de la caja y a desarrollar habilidades que les permitan enfrentar los retos económicos de forma innovadora y efectiva.

Además de su labor en la comunidad, Alfonso es un escritor comprometido con compartir sus conocimientos a través de libros y recursos prácticos, orientados a ayudar a las personas a transformar su vida financiera y mejorar su calidad de vida.

Llamada a la Acción

¡El momento es ahora! La oportunidad para transformar tu vida económica y alcanzar tus metas está a tu alcance, y lo único que necesitas es dar el primer paso. La genialidad que tienes dentro de ti puede ser la clave para abrir puertas que nunca imaginaste.

Si este libro ha resonado contigo, no te detengas aquí. Es hora de poner en práctica lo que has aprendido y tomar acción. Comienza a descubrir tus talentos, a emprender proyectos que impacten positivamente tu comunidad y a utilizar tu creatividad para resolver problemas económicos de forma innovadora.

Recuerda, el camino hacia la estabilidad y el éxito económico no es una carrera rápida, sino un proceso continuo de aprendizaje, adaptación y perseverancia. No tengas miedo de cometer errores, porque en cada paso, por pequeño que sea, estarás más cerca de alcanzar tus sueños.

Únete a la comunidad de personas que están tomando las riendas de su futuro. Comparte tus ideas, interactúa con otros emprendedores y busca apoyo en cada etapa de tu viaje. Juntos, podemos crear un futuro próspero para todos.

¡Es momento de poner en marcha tu genialidad! Comienza hoy mismo y transforma tu vida.

Metadatos

Título: Cómo Desarrollar tu Genialidad para Satisfacer tus Necesidades Económicas

Subtítulo:
Desata tu creatividad para transformar tu futuro financiero

Autor:
Alfonso Lemus Rodríguez

Descripción del Libro:

Este libro está diseñado para ayudarte a descubrir y aprovechar tu genialidad para transformar tu situación económica. A través de una serie de estrategias prácticas y ejemplos inspiradores, aprenderás a identificar tus fortalezas, generar ingresos sostenibles y aplicar tu creatividad para superar desafíos económicos. El camino hacia el éxito no se trata solo de ganar dinero, sino de adoptar una mentalidad resiliente y de crecimiento. Si estás buscando transformar tu vida financiera, este libro es tu guía para comenzar ese viaje.

Palabras clave:

- Creatividad económica
- Resiliencia financiera
- Emprendimiento desde cero
- Generación de ingresos
- Desarrollo personal
- Innovación en tiempos difíciles
- Superación económica
- Finanzas personales
- Transformación económica
- Soluciones creativas
- Emprendedores novatos

Categorías:

- **No ficción / Desarrollo personal / Finanzas personales**
- **No ficción / Emprendimiento / Negocios y finanzas**

Lenguaje:
Español

Derechos de autor:
Todos los derechos reservados.